GARTENKÜCHE
Einmachen

Wir danken allen, die sich die Zeit genommen haben, uns etwas beizubringen. Jetzt können wir das Gelernte an Indy und alle anderen weitergeben, die sich dafür interessieren.

© 2012 der deutschen Ausgabe DuMont Buchverlag, Köln

Die Originalausgabe erschien 2012 unter dem Titel
Made at Home. Preserves
bei Mitchell Beazley, Teil der Octopus Publishing Group Ltd
Endeavour House, 189 Shaftesbury Avenue, London WC2H 8JY

© 2012 Octopus Publishing Ltd
© 2012 Text: Dick and James Strawbridge,
Jera Enterprises Ltd 2012

Alle Rechte vorbehalten

Deutsche Ausgabe
Verlagskoordination: Susanne Philippi, Vera Maas
Projektmanagement: Nazire Ergün, Antje Seidel
Übersetzung: Ulrike Lowis, Melanie Schirdewahn
Lektorat: Christina Kuhn
Satz: Birgit Beyer
Umschlaggestaltung: Francesca Rossi

ISBN 978-3-8321-9464-2

www.dumont-buchverlag.de

Printed in China

In allen Rezepten werden Standardlöffelmaße angegeben:
1 Esslöffel = 15 ml
1 Teelöffel = 5 ml

Der Backofen sollte immer auf die angegebene Temperatur vorgeheizt werden. Bei einem Gasherd lesen Sie bitte vor der Einstellung von Zeit und Temperatur die Gebrauchsanweisung Ihres Ofens durch. Der Backofengrill sollte ebenfalls vorgeheizt werden.

In diesem Buch finden sich Rezepte, in denen Nüsse und Spuren von Nüssen enthalten sind. Menschen, die an einer Nussallergie leiden, und Personen, die möglicherweise durch diese Allergien gefährdet sein könnten, wie Schwangere, stillende Mütter, Kranke und Rekonvaleszenten, ältere Menschen, Säuglinge und Kinder, sollten auf Gerichte mit Nüssen und Nussölen verzichten.

Prüfen Sie bei Fertigprodukten immer die Zutatenliste auf mögliche Nussbestandteile.

Gesundheitsbehörden raten vom Verzehr roher Eier ab. Dieses Buch enthält allerdings Rezepte, in denen rohe oder nur leicht gekochte Eier verwendet werden. Schwangere, stillende Mütter, Kranke und Rekonvaleszenten, ältere Menschen, Säuglinge und Kleinkinder sollten auf diese Gerichte verzichten.

GARTENKÜCHE

Dick & James Strawbridge

Einmachen

DUMONT

INHALT

EINLEITUNG

Eine prall mit hausgemachten Vorräten gefüllte Speisekammer ist ein wunderbarer Anblick. Leider kann nicht jeder sein Obst und Gemüse selbst anbauen, doch während der Erntesaison gibt es eine ganze Fülle von Produkten, die man eigenhändig haltbar machen kann. Noch vor nicht allzu langer Zeit war das Wissen um die richtige Lagerung und Konservierung von Lebensmitteln in jedem Haushalt eine Selbstverständlichkeit, denn davon hing das Überleben der Familie ab. Doch die Zeiten haben sich geändert: Heute übernehmen andere für uns Anbau, Ernte, Lagerung und sogar Zubereitung der Lebensmittel. Und dieser Luxus ist nicht zu unterschätzen, denn wir haben nun viel mehr Freizeit – und besonders einfach waren die „guten alten Zeiten" auch nicht.

Doch die Menschen legen immer größeren Wert auf eine bewusste Ernährung, und das Misstrauen gegen Zusatzstoffe wächst. Entsprechend entsteht das Bedürfnis, die Produktion von haltbaren Vorräten selbst in die Hand zu nehmen. Außerdem macht es Spaß, Freunde und Familie mit leckeren hausgemachten Speisen zu bewirten. Industriell hergestellte Konserven sind in Geschmack, Konsistenz und Aussehen immer gleich, denn die Verbraucher erwarten konstant gleiche Qualität. Individualität ist hier nicht gefragt. Wer seine Lebensmittel hingegen selbst konserviert, wird sicherlich Überraschungen erleben. Und genau darin liegt der Charme des Selbermachens: Das letzte Glas eines fantastischen Chutneys vom letzten Jahr wird gern wie ein Schatz gehütet und streng rationiert. Doch ist es einmal aufgegessen, wird es ganz sicher wieder ein neues, vermutlich ganz anderes Chutney geben, das die Herzen Ihrer Lieben im Sturm erobert.

Schon mit einer kleinen Auswahl selbst konservierter Vorräte können Sie problemlos auch das einfachste Mahl oder den simpelsten Imbiss verfeinern. Allein die Mühe, die Sie Monate zuvor in die Zubereitung all dieser Köstlichkeiten gesteckt haben, macht den selbst gebackenen, mit hausgemachter Konfitüre gefüllten Kuchen oder den Snack mit Brot, Käse, Pastete und Eingelegtem oder Chutney aus eigener Produktion unwiderstehlich. Anfänger wissen oft nicht, welche Konservierungsmethode sie als Einstieg wählen sollen. Am besten fangen Sie mit etwas an, das Sie besonders gern mögen. Wir haben es da leicht – unser Geschmack ist vielseitig, und wir probieren einfach alles.

BESCHAFFUNG DER ZUTATEN

Eines versteht sich von selbst: Je hochwertiger die frischen Zutaten, desto besser schmecken sie auch in konservierter Form. Doch keine Angst: Sie müssen nun nicht nach exotischen Lebensmitteln fahnden, die zudem ein Vermögen kosten. Im Supermarkt findet man zwar ganzjährig jedes nur erdenkliche Obst oder Gemüse, doch saisonale Produkte aus lokalem Anbau sind entschieden die bessere Wahl. Wer seine Vorräte selbst konserviert, sollte bei den Zutaten auf Qualität setzen, denn das fertige Produkt kann nur so gut sein wie das, was drinsteckt, auch wenn die Aromen durch die Zugabe von Zucker, Salz, Essig und Gewürzen verfeinert oder durch Trocknen konzentriert werden. Spätestens wenn Sie das Glas öffnen, werden Sie sich wünschen, Sie hätten vor sechs Monaten eine bessere Wahl getroffen.

Auch Geld spielt eine Rolle: Obst und Gemüse sind dann am günstigsten, wenn sie reichlich vorhanden sind – zur Erntezeit. Und dann können Sie sich gleich doppelt freuen: Die Auswahl ist groß, der Preis klein. Wenn Sie Ihr eigenes Obst und Gemüse anbauen – wozu wir nur raten können –, haben Sie meist ein Luxusproblem: Sie wissen gar nicht, wohin mit den Massen. Irgendwann können Sie die ganzen Tomaten, Zucchini, Äpfel, Pflaumen, Stachelbeeren, Erdbeeren oder Himbeeren schlicht nicht mehr sehen, so gut sie auch schmecken. Und dann ist Zeit, die Ernte zu konservieren, um noch lange Freude daran zu haben.

TECHNIKEN UND GESCHMÄCKER

Mit den in diesem Buch vorgestellten Methoden und Rezepten wollen wir Sie lediglich mit den Grundprinzipien des Haltbarmachens vertraut machen, damit Sie nach Herzenslust experimentieren und variieren können. Scheuen Sie sich nicht, die Rezepte zu verfeinern und ihnen eine ganz persönliche Note zu geben – und erfreuen Sie sich an Ihren gelungenen Eigenkreationen.

Auf den folgenden Seiten zeigen wir Ihnen, wie Sie saisonales Obst und Gemüse wunderbar haltbar machen können. Investieren Sie ein paar Stunden Arbeit und bedienen Sie sich den Rest des Jahres an Ihren hausgemachten Spezialitäten, die sich übrigens auch als Geschenke gut machen. Sie müssen sich nur entscheiden, womit Sie anfangen, und schon bald wird Ihnen beim Blick in den Vorratsschrank das Wasser im Munde zusammenlaufen.

HALTBARMACHEN

Es gibt eine ganze Vielzahl von Methoden, um Lebensmittel haltbar zu machen. Das ist toll, stellt einen aber auch vor die Qual der Wahl. Fangen Sie am besten mit etwas an, das Ihnen Spaß macht – und vor allem gut schmeckt. Die gute alte Erdbeerkonfitüre kommt bei Naschkatzen immer gut an, aber vielleicht wollen Sie ja auch mal was Neues ausprobieren! Selbst gemachte Fruchtpaste zum Beispiel. Diese Delikatesse ist bei Weitem nicht so verbreitet wie Konfitüre und in der Konsistenz ein bisschen anders, doch intensives Fruchtaroma ist hier garantiert. Wer's lieber herzhaft mag, sollte sich eher an einem Chutney oder sauer Eingelegtem versuchen. In jedem Fall aber braucht es ein wenig Zeit, bis die hausgemachten Köstlichkeiten ihr ganzes Aroma entfaltet haben.

LAGERUNG

Wer einmal angefangen hat, seine Vorräte selbst zu konservieren, steht bald vor einem Platzproblem. Die Regale füllen sich in Windeseile, und häufig ist die Speisekammer gerade groß genug für den Wocheneinkauf und die Alltagsvorräte. Wer in der Küche nicht viel Platz hat, kann auch einen alten Schrank oder ein Regal im Keller freiräumen – der Lagerraum muss nur sauber, trocken und geschützt sein. Ordnung ist ebenfalls wichtig, besonders wenn Sie Ihre Schätze nicht in der Küche lagern. Wir beschriften unsere hausgemachten Vorräte immer mit dem Datum und sortieren sie nach Produkten. Auch wenn Sie jetzt überzeugt sind, sich später genau erinnern zu können, was Sie wo hingestellt haben, kann Ihnen das Gedächtnis nach sechs, neun oder mehr Monaten schon mal einen Streich spielen. Bewahren Sie stets einige Etiketten in einem leeren Glas auf (vermutlich wird Ihre Sammelleidenschaft bald erwachen), dann haben Sie bei Bedarf immer eines zur Hand.

FRISCHES OBST UND GEMÜSE EINLAGERN

Es mag ungewöhnlich erscheinen, dass die Lagerung frischer Produkte Thema in einem Buch übers Haltbarmachen ist. Doch es geht genau darum, Lebensmittel so aufzubewahren, dass Geschmack und Konsistenz so lange wie möglich erhalten bleiben. Einige Gemüsesorten lassen sich auch unverarbeitet sehr gut lange aufbewahren. Dazu muss man sie sortieren, säubern und am passenden Ort lagern. Die meisten Obst- und Gemüsesorten lagert man am besten dunkel, kühl und trocken. Doch leichter gesagt als getan, denn zu Hause haben wir es am liebsten überall hell und warm. Darum muss man sich vielleicht irgendwo außerhalb des Hauses ein Plätzchen suchen – es sei denn, man hat einen unbeheizten Keller. Hier kann Feuchtigkeit problematisch sein, aber dafür sind die Temperaturen weitgehend konstant. Wichtig ist vor allem, dass der Lagerraum vor Sommersonne und Winterfrost geschützt und trocken ist.

Jedes gut isolierte Gebäude im Freien (in unserem Fall ein altes Plumpsklo) mit einem anständigen Dach und Fenstern, die sich verdunkeln lassen, ist als Lagerraum geeignet. Die meisten Gartenhäuschen heizen sich leider schon beim ersten Sonnenstrahl auf und kommen darum nicht infrage.

TROCKNEN

Lebensmittel durch das Entziehen von Feuchtigkeit haltbar zu machen ist eine jahrtausendealte Technik, bei der die Geschmacksaromen konzentriert werden. Und das Gute ist: Jeder kann es. Ein erster Schritt ist zum Beispiel das Trocknen von Kräutern in der Küche. Man kann Obst, Gemüse und Kräuter an der frischen Luft, im selbst gemachten Solartrockner (siehe Seite 38–41) oder im Ofen (Umluftgeräte eignen sich besonders gut) trocknen. Und im Dörrautomaten, einem kleinen Elek-

trogerät mit Heizelement und Ventilator, geht es natürlich auch.

KONSERVIEREN IM GLAS

In fast jedem Haushalt finden sich Glaskonserven. Wer selbst Vorräte im Glas anlegen will, muss die Gläser entweder kaufen oder – besser noch – sammeln. Im Handel findet man Gläser in allen erdenklichen Formen – ob rund, quadratisch oder sechseckig –, und das Angebot reicht von wiederverwendbaren Weckgläsern mit Bügel- oder Schraubdeckel über handgemachte Konfitürengläser bis hin zu günstiger Industrieware. Man kann aber auch gekaufte Konfitüren- und Kompottgläser wiederverwenden – natürlich gespült. Dass häufig Markennamen die Deckel zieren, ist nicht so schön, doch dank standardisierter Größen findet sich meist auch ein passender neutraler Deckel. Für die Lagerung der leeren Gläser braucht man reichlich Platz. Wir haben es mit der Garage und auch dem Schuppen probiert, doch dort ist es sehr staubig, und die Deckel gehen verloren. Darum lagern wir unsere Gläser jetzt in einem Schrank in der Küche oder im Wirtschaftsraum.

Als Basisausstattung reicht ein großer Topf, doch für die Verarbeitung größerer Mengen gibt es auch spezielle Einkochtöpfe. Meiden Sie Aluminium, investieren Sie stattdessen lieber in Edelstahl. Praktisch ist auch ein Trichter mit weitem Hals zum Abfüllen von dickflüssiger Konfitüre und Chutneys – dann geht nichts daneben. Trichter kann man kaufen oder aus dem oberen Teil einer Plastikflasche basteln.

KONSERVIEREN IN FLASCHEN

Hat man einmal angefangen, Konfitüren und Chutneys selbst einzukochen, wird man sich schon bald an der Herstellung von Sirupen, Saucen und alkoholischen Getränken versuchen wollen. Gleich doppelt Spaß macht die Produktion von Sirupen und Ketchups: In hübsche Flaschen abgefüllt, sind sie eine dekorative Bereicherung für den Speiseplan und machen sich auch als Geschenk sehr gut. Halten Sie darum frühzeitig vor allem nach eleganten Flaschen und solchen mit schönen Verschlüssen Ausschau.

Die hausgemachten Köstlichkeiten bescheren Ihnen echte Gaumenfreuden – wobei sie natürlich immer ein wenig anders schmecken als Produkte aus dem Handel. Dies gilt insbesondere für selbst gemachte Ciders, Biere und Weine aus Trauben, Früchten oder Kräutern, doch wir mögen unsere Eigenproduktionen mindestens so wie die gekauften und bedienen uns immer wieder gern daran.

Um die notwendige Ausrüstung zum Brauen und Gären sollte man sich rechtzeitig kümmern. Obstmühlen und Pressen gibt es als Leihgeräte, oder Sie schließen sich mit Freunden zusammen und teilen sich die Anschaffungskosten. Außerdem braucht man reichlich Flaschenbürsten und Reinigungsperlen – kleine Kügelchen, mit denen man auch den Flaschenboden sauber bekommt.

EINFRIEREN

Auch wenn man nicht alles einfrieren kann, ist diese Konservierungsmethode ebenso unkompliziert wie beliebt. Aber beileibe nicht jeder beherrscht die richtige Technik. Und genau die ist wichtig, damit Fleisch, Obst und Gemüse gut in Form bleiben. Die meisten Haushalte haben einen Gefrierschrank oder zumindest ein Gefrierfach im Kühlschrank, und viel mehr braucht man auch nicht. Entscheidend ist die Organisation: Verwenden Sie die tiefgefrorenen Produkte, bevor sie an Qualität verlieren – sonst hätten Sie sich das Einfrieren auch sparen können. Vermerken Sie auf den Behältern und Beuteln gut sichtbar, was darin ist und wann es eingefroren wurde. Und bedienen Sie sich regelmäßig an Ihren Tiefkühlvorräten. Ansonsten findet sich alles, was man zum Einfrieren braucht, wie Töpfe zum Blanchieren oder Behälter für das Gefriergut, in jeder normalen Küche.

1

OBST &
GEMÜSE
EINLAGERN

OBST & GEMÜSE EINLAGERN

Obst und Gemüse schmecken erntefrisch einfach am besten. Einen Blattsalat schneidet man vorzugsweise am frühen Morgen, wenn die Pflanzensäfte aufsteigen, Wurzelgemüse erreicht am Abend seine Bestform, wenn die Mineralien sich wieder in den Wurzeln konzentrieren. Einen Überblick über einige Grundregeln, die für eine erfolgreiche, langfristige Lagerung von frischem Obst und Gemüse entscheidend sind, bieten die folgenden Seiten.

HINWEISE

- Entfernen Sie vor dem Einlagern Blätter und Stiele und sortieren Sie beschädigte Exemplare aus.
- Reinigen Sie Wurzelgemüse mit einer harten Bürste.
- Benutzen Sie zum Reinigen des Gemüses nicht zu viel Wasser: Restliche Erde schützt die Schale. Reiben Sie es lieber mit einem trockenen Tuch oder etwas Küchenpapier ab.
- Sortieren Sie faulende Früchte aus – sie stecken die anderen an.
- Lagern Sie unterschiedliche Früchte oder Gemüse nicht zusammen ein. Einige Sorten produzieren Äthylen, das den Reifungsprozess anderer Produkte beschleunigen kann.
- Verpacken Sie Obst oder Gemüse nicht in luftdichten Plastikbeuteln – es sei denn, Sie wollen es im Kühlschrank lagern und verwenden lebensmittelechte Beutel.
- Kontrollieren Sie die eingelagerten Vorräte regelmäßig.
- Entfernen Sie verschimmeltes Obst oder Gemüse und sorgen Sie für bessere Lagerbedingungen.

LAGERORT

Die Vorräte sollten leicht zugänglich sein: Bei kaltem, schlechtem Wetter hat wohl keiner Lust, sich einmal kräftig nass regnen zu lassen, bevor es überhaupt ans Kochen geht. Es empfiehlt sich also eine Lagerung im oder nah am Haus.

TEMPERATUR

Die Temperatur spielt eine entscheidende Rolle für den Erfolg der Lagerhaltung. Die meisten Obst- und Gemüsesorten – sieht man einmal von Kürbissen ab – mögen es kühl. Die ideale Lagertemperatur liegt zwischen 0 und 4,5 °C. Installieren Sie also ein Thermometer an Ihrem Lagerort und prüfen Sie regelmäßig die Temperatur. Damit kalte Luft in den Lagerraum strömen kann und auch dort bleibt, sollte man auf Bodenhöhe ein Rohr durch die Außenwand verlegen, durch das kalte Nachtluft hereinströmt, und möglichst weit oben eines, durch das warme Luft entweichen kann. Dadurch verbessern sich auch Luftzirkulation und Belüftung (siehe Seite 21). Fliegengitter an den Rohröffnungen halten unliebsames Getier fern.

Nichts ist besser als erntefrisches Gemüse.

Jede Tomate kann man nutzen – entweder frisch oder haltbar gemacht.

GEMÜSE UND OBST EINLAGERN

PRODUKT	LAGERMETHODE	LAGERZEIT
Äpfel	Lattengitter/-kiste	3–4 Monate
Rote Bete	Miete/Grube	3–4 Monate
Karotten	Miete/Grube	3–4 Monate
Knoblauch	Zopf	3–4 Monate
Topinambur	Miete/Grube	6 Monate und mehr
Zwiebeln	Zopf	3–4 Monate
Birnen	Lattengitter/-kiste	2–3 Monate
Kartoffeln	Miete/Grube oder Sack	3–6 Monate
Kürbis	Lattengitter/-kiste	2–4 Monate

Legen Sie den Lagerraum auf der Schattenseite des Hauses an, dort ist es kühler. Sinnvoll ist auch eine Doppeltür, damit warme Luft draußen bleibt, wenn Sie Ihrem Lagerraum einen Besuch abstatten. Ganz wichtig ist es, regelmäßig nach dem Rechten zu sehen: Kontrollieren Sie die Temperatur und sorgen Sie bei Wärme für den Zustrom von kalter Luft.

FEUCHTIGKEIT

Die meisten Obst- und Gemüsesorten benötigen bei der Einlagerung viel Feuchtigkeit. Eine Luftfeuchte von 90–95 % verhindert, dass die Ware zu schrumpeln beginnt. Zur optimalen Kontrolle der Luftfeuchte empfiehlt sich die Installation eines Hygrometers. Um die Luftfeuchte zu erhöhen, kann man entweder Wasser auf dem Boden verspritzen oder Schüsseln mit Wasser aufstellen. Grundsätzlich ist es in Lagerräumen mit irdenem Boden feuchter als in solchen mit Betonboden. Bei einem irdenen Boden verhindert eine Kiesschicht, dass man auf dem frisch gewässerten Boden nasse Füße bekommt.

Frisch bleibt das Gemüse auch, wenn man es in feuchtem Sägemehl oder Sand lagert. Wickeln Sie es auf keinen Fall in Plastik ein: Die mangelnde Luftzirkulation führt zu Schimmelbefall.

BELÜFTUNG

Eine gute Luftzirkulation verhindert, dass sich das Reifegas Äthylen ansammelt und die Vorräte zu riechen oder zu keimen beginnen. Stellen Sie die Regale nicht direkt an die Wand, damit die Luft auch hinter dem Lagergut frei zirkulieren kann. Das beugt Schimmelbefall vor. Wer sein Gemüse in einem Schrank einlagert, sollte einige Löcher in die Tür bohren und diese mit Fliegengitter abdecken – je mehr Luft zirkuliert, desto besser.

LICHT

Die meisten Obst- und Gemüsesorten halten sich im Dunkeln besser. Zwiebeln und Knoblauch allerdings keimen ohne Licht schneller und sollten darum griffbereit in der Küche aufbewahrt werden.

REGALE UND KISTEN

Versuchen Sie, den Platz in Ihrem Lagerraum optimal zu nutzen. Unserer Erfahrung nach eignen sich Lattenkisten ausgezeichnet zum Einlagern, da sie eine gute Luftzirkulation gewährleisten und sich in den Regalen stapeln lassen. Nicht zu empfehlen sind Regale aus Metall oder behandeltem Holz (da es mit Chemikalien getränkt ist). Gut geeignet sind harte, widerstandsfähige Hölzer wie Eiche, Buche oder Kastanie. Eine Lücke zwischen Regal und Wand sorgt für eine gute Belüftung. Sie können die Regalbretter mit Kunststofffolie auslegen, damit sie sich am Ende der Saison besser reinigen lassen.

AUFBEWAHRUNG IM KÜHLSCHRANK

Im Prinzip klingt es vernünftig, Frischobst und -gemüse möglichst im Kühlschrank zu lagern – allerdings ist dies die typische Antwort des 21. Jahrhunderts auf Fragen der Vorratshaltung. Das Obst und Gemüse für die Aufbewahrung im Kühlschrank in lebensmittelechten Plastikbeuteln luftdicht verpacken, Pilze fühlen sich wohler in einer Papiertüte. Trennen Sie Äpfel, Avocados, Melonen und andere Früchte, die das Reifegas Äthylen produzieren, von Produkten, die sensibel auf Äthylen reagieren, wie etwa Gurken, Paprika, Spargel und Kohl: Diese werden sonst gelb, verderben oder bekommen braune Stellen. Manche Früchte entwickeln unangenehme Gerüche – dagegen hilft ein kleines Schüsselchen Backpulver, das Gerüche und Feuchte absorbiert.

KNOBLAUCH AUFHÄNGEN

Knoblauch lässt sich leicht anbauen und in der Küche verarbeiten. Wir verwenden ihn für Pesto, würzen damit Butter, Dips und Schmorgerichte und konservieren ihn sogar in Honig. Knoblauch kann man frisch verarbeiten, wenn er noch feucht ist. An der Luft getrocknet und zum Zopf oder Strauß gebunden, bleiben die Zehen bis zu 6 Monate frisch. Auf dieselbe Weise kann man auch Zwiebeln oder Schalotten lagern.

FRISCHEN KNOBLAUCH VORBEREITEN

Im Haus trocknet Knoblauch gut auf Ablagen mit Kaninchendrahtboden oder in Lattenkisten. Für eine besonders üppige Ernte vor einigen Jahren haben wir unsere selbst gezimmerten Kisten gestapelt, um Platz zu sparen. Bei schönem Wetter können Sie den erntefrischen Knoblauch auch draußen auf dem Boden trocknen. Mangelt es im Garten an Sonne oder Platz, trocknen die Knollen auch in einem Pflanzentunnel oder im Gewächshaus. Fertig für den nächsten Schritt ist der Knoblauch, wenn die Halme gelblich braun und leicht entzündbar, aber noch biegsam sind.

KNOBLAUCHZOPF

Am besten flicht es sich im Sitzen. Legen Sie sich 3 Knollen auf die Knie, die Halme zeigen auf Ihren Körper. Nun die getrockneten Halme zu einem strammen Zopf flechten – die Knollen sollen eng zusammenliegen. Während des Flechtens den Zopf mit den Zeigefingern straffen. Nach einigen Zentimetern eine weitere Knolle mittig zwischen 2 Knollen legen und die Halme einflechten. Nach einigen Zentimetern wieder eine Knolle dazunehmen und auf diese Weise fortfahren, bis der Zopf so lang ist wie gewünscht. Wir verarbeiten meistens 12 Knollen zu einem Zopf. Umwickeln Sie das Zopfende mit einem Stück Bast oder Bindfaden und kürzen Sie die

Jeder kann flechten.

Halme auf die gewünschte Länge. Dann aus dem Bindfaden eine Schlaufe knoten und den Zopf aufhängen.

KNOBLAUCHSTRAUSS

In Frankreich bindet man Knoblauch zum Strauß. Dazu verschnürt man die Knollen nacheinander mit einem Bindfaden. Daumen und Zeigefinger halten dabei das Bündel fest zusammen. Fassen Sie 6–10 Knollen zusammen und hängen Sie den Knoblauch dann auf.

LAGERUNG

Suchen Sie sich für Ihren Knoblauch einen hellen, gut belüfteten Platz. Besonders gut hält er sich zum Beispiel an einem Haken am Küchenfenster. Die Lagerung an einem dunklen Ort kann den Wachstumsprozess beschleunigen. Innerhalb von 6 Monaten verzehren.

EINEN KNOBLAUCHSTRAUSS BINDEN

Einen Bindfaden um den Lauchansatz der ersten Knolle wickeln und verknoten. Dann eine Schlaufe um die nächste Knolle legen und die beiden Knollen fest zusammenziehen.

Auf diese Weise 6–10 Knollen zu einem Strauß zusammenbinden. Dann den Bindfaden verknoten, zu einer Schlaufe schließen und den Strauß aufhängen.

WURZELGEMÜSE IN MIETEN EINLAGERN

Dieses sehr alte Lagerverfahren ist recht unkompliziert. Man braucht nur ein wenig Platz im Garten. Wurzelgemüse lässt sich besonders gut in Mieten einlagern. Bedecken Sie das gestapelte Gemüse mit Sand. Darüber kommt zur Isolierung eine Lage Stroh, die Sie wiederum mit loser Erde bedecken, sodass auch noch ein wenig Luft an die Vorräte kommt, die sich auf diese Weise 3–6 Monate lagern lassen.

VORBEREITUNG

Das Gemüse muss nicht vollständig sauber, jedoch in makellosem Zustand sein. Untersuchen Sie es sorgfältig auf Druckstellen und Beschädigungen. Sie können die Früchte auch kurz abbürsten, aber bedenken Sie, dass die anhaftende Erde die Haltbarkeit Ihrer Vorräte verlängert.

FREILUFTMIETE

Das Gemüse nach der Ernte einige Stunden zum Trocknen auf dem Boden liegen lassen. Stapeln Sie es dann auf einer Lage Stroh oder getrocknetem Farn zu einer Pyramide, die Sie mit Stroh bedecken und 1–2 Stunden ruhen lassen. Die Pyramide anschließend mit einer 15 cm dicken Erdschicht umhüllen. Einige Strohhalme sollten aus der Erde hervorlugen, damit auch Luft an die Vorräte kommt. Die Seiten mit einem Spaten anklopfen, sodass das Regenwasser daran abfließen kann.

EIMERMIETE

Heben Sie eine Grube aus und legen Sie ein paar Steine auf den Grund. Einige Löcher in den Boden eines Eimers bohren und diesen 8 cm hoch mit Sand oder Sägemehl befüllen. Darauf eine Schicht Gemüse legen und mit einer Lage Sand oder Sägemehl bedecken. So fortfahren, bis der Eimer voll ist, dabei mit einer Sandschicht abschließen. Nun den Eimer in die Grube stellen und mit einer 27 cm dicken Lage Stroh sowie 5 cm Erde bedecken. Für die Aufbewahrung kleinerer Mengen können Sie den Eimer mit der Mulchschicht auch unabgedeckt im Keller lagern.

EINE KAROTTENMIETE ANLEGEN

Eine Lage Sand oder Sägemehl in den Eimer füllen und darauf eine Lage Karotten stapeln.

Den Eimer auf diese Weise bis oben füllen, dann in die mit einigen Steinen ausgelegte Grube stellen.

Den Eimer mit einer Lage Stroh bedecken.

Nun auf das Stroh eine Schicht Erde geben und die Stelle deutlich markieren, damit Sie sie wiederfinden.

KÜRBISSE & ÄPFEL EINLAGERN

Wenn Sie frisches Gemüse einlagern, haben Sie länger etwas davon und können in Ruhe entscheiden, wie Sie es später konservieren wollen. Kürbisse lassen sich – ebenso wie Äpfel – trocken lagern. Frühäpfel eignen sich eher für den sofortigen Verzehr, während späte Sorten sich normalerweise gut lagern lassen.

DEN LAGERRAUM HERRICHTEN

Für die Lagerung von Obst und Gemüse braucht es nicht mehr als einen gut belüfteten Raum und einige Regale und Lattenkisten. Ihr Platzbedarf hängt vom Umfang der Ernte ab. Verteilen Sie die Früchte zum Lagern mit ein wenig Abstand in den Kisten und stellen Sie diese ins Regal. Bei den meisten handelsüblichen Regalen sind die Abstände zwischen den Brettern für normales Lagergut groß genug, doch für einige Gemüsesorten müssen Sie diese vielleicht auch anpassen. Während ein Abstand von 10 cm für Äpfel ausreicht, haben Kürbisse je nach Sorte einen deutlich größeren Platzbedarf.

Statten Sie Ihrem Lagerraum regelmäßig einen Besuch ab. So laufen Sie nicht Gefahr, etwas zu kaufen, was Sie vorrätig haben, und können verdorbene Früchte rechtzeitig aussortieren.

KÜRBISSE LAGERN

Kürbisse sind erntereif und lagerfähig, wenn sich die Schale nicht mehr mit dem

Eine gute Methode, den Reifegrad eines Kürbisses zu prüfen.

Fingernagel eindrücken lässt und der Frucht-
stängel schrumpelig und vertrocknet ist.
Beschädigte Exemplare eignen sich nicht
zum Lagern, machen Sie daraus lieber eine
Kürbissuppe, die man einfrieren kann.

Legen Sie die makellosen Exemplare in mit
Zeitungspapier oder Stroh ausgelegte Kisten
und lagern Sie diese dunkel und bei 12–16 °C.
Kontrollieren Sie die Kürbisse regelmäßig
und sortieren Sie verdorbene Früchte sofort
aus. Unter richtigen Bedingungen lässt sich
die Ernte bis zum Frühjahr lagern. (Bei uns
allerdings überleben die Kürbisse selten den
Winter – sie schmecken einfach zu gut.)

ÄPFEL LAGERN
Es heißt, dass ein fauler Apfel alle Früchte im
Korb verderbe. Leider ist das nur allzu wahr.

Äpfel mit sichtbaren Beschädigungen stecken
den Rest Ihrer Apfelvorräte unweigerlich an.
Lagern Sie nur makellose Äpfel ein und verarbeiten Sie den Rest sofort.

Wickeln Sie die Äpfel einzeln in Pack- oder
Zeitungspapier. Benutzen Sie dabei lieber die
Handflächen als die Fingerspitzen, um die
Frucht nicht zu beschädigen – einige Sorten
sind sehr empfindlich.

Sie können die Äpfel in Kisten oder direkt im
Regal lagern. Die Früchte sollten sich nicht
berühren: Dann kann die Luft gut zirkulieren,
und sie verderben nicht so leicht.

WÜRZIGES APFELKOMPOTT

Hier eine tolle Art, Fallobstäpfel zu ver-
werten. Das Kompott schmeckt köstlich als
Dessert oder zu Schweinebraten und Fasan.

Ergibt 2,5 kg

25 g Butter

1 kg Äpfel, geschält, entkernt und gehackt

1,25 kg Zucker

500 ml Cider

je 1 Prise Zimt, Gewürznelkenpulver und
Piment

Die Butter in einer großen Pfanne zerlassen
und die Äpfel darin weich köcheln lassen.
Nach ein paar Minuten den Zucker unterrühren, dann Cider und Gewürze hinzufügen.
Zum Kochen bringen und bei mittlerer Hitze
15 Minuten köcheln lassen. In einem Sieb
abtropfen, um überschüssige Flüssigkeit zu
entfernen, und in einem sterilisierten Glas
(siehe Seite 53) im Kühlschrank aufbewahren.

2
TROCKNEN

TROCKNEN

Das Trocknen von Lebensmitteln ist eine der ältesten Konservierungsmethoden. Dank der niedrigen Hitzezufuhr werden weniger Nährstoffe zerstört als bei anderen, auf Erhitzung basierenden Verfahren, etwa dem Einwecken. In warmen Klimazonen kann man die Früchte nach der Ernte großzügig ausbreiten und einfach abwarten, bis sie an der Luft getrocknet sind. In kühleren und feuchteren Regionen dagegen muss man das Wetter im Auge behalten und den Trocknungsprozess gegebenenfalls unterstützen.

WIE TROCKNEN FUNKTIONIERT

Man kann die verschiedensten Lebensmittel trocknen, etwa Pökelfleisch, Gemüse, Kräuter, Gewürze, Obst und Pilze. Durch den Wasserentzug verlieren Mikroorganismen wie Bakterien, Hefepilze und Schimmelsporen, die die Lebensmittel verderben lassen, ihre Lebensgrundlage. Außerdem verhindert das Trocknen für die Lebensmittel schädliche chemische Reaktionen (Zerstörung durch Enzyme). Dabei werden zwar nicht die Enzyme selbst zerstört, doch aufgrund der starken Verringerung des Feuchtgehalts können sie nicht mehr wirken. Um Mikroben unschädlich zu machen, muss der Feuchtgehalt um 80–90 % reduziert werden.

Einige Enzymreaktionen können nur durch eine Behandlung der Lebensmittel vor dem Trocknen verhindert werden. Häufig werden die in Gemüse enthaltenen Enzyme schon durch einfaches Blanchieren (kurzes Eintauchen in heißes Wasser oder Wasserdampf) unwirksam. Bei Früchten hat eine Behandlung mit Ascorbinsäure denselben Effekt.

Trocknen Sie bei möglichst niedrigen Temperaturen, sonst garen die Lebensmittel eher, als dass sie trocknen. Bei zu hohen Temperaturen werden die Produkte durch den Garprozess außen hart, und die Feuchte kann nicht mehr entweichen. Daher ist es nicht sinnvoll, die Trockenzeit durch eine Erhöhung der Temperatur zu verkürzen. Grundvoraussetzung für einen schnellen Trocknungsprozess ist eine geringe Luftfeuchte. Eine gute Luftzirkulation um die Lebensmittel ist ebenfalls hilfreich.

TROCKNUNGSVERFAHREN

Es gibt viele Möglichkeiten, Lebensmittel zu trocknen: Sie können die Kraft der Sonne nutzen und das Obst oder Gemüse an der frischen Luft trocknen oder mit einem handelsüblichen Dörrautomaten arbeiten. Wir haben es schon mit der Veranda sowie im Umluftofen mit und ohne Hitze versucht und diverse Solartrockner gebaut (siehe Seite 38–39), die allerdings nur im Hochsommer richtig gut funktionieren. Grundsätzlich dauert das Lufttrocknen je nach Bedingungen 2–3 Tage (siehe Seite 34–35).

OBST TROCKNEN

Reife Früchte eignen sich sehr gut zum Trocknen, bei überreifem Obst allerdings leidet die Qualität. Es gibt keine festen Regeln, wie man

Bunt und gesund — getrocknetes Wurzelgemüse ist gehalt- und geschmackvoll.

FRÜCHTE UND GEMÜSE TROCKNEN

PRODUKT	VORBEREITUNG	BEHANDLUNG	TROCKNUNGSZEIT
Äpfel	Schälen, entkernen und in Ringe schneiden	4 Minuten in Zitronen- oder Orangensaft tauchen	4–6 Tage
Feigen	Keine	Keine	4–5 Tage
Trauben	Kernlose Sorte wählen	30 Sekunden blanchieren	3–5 Tage
Auberginen	In 5 mm dicke Scheiben schneiden	4 Minuten blanchieren	6–8 Tage
Grüne Bohnen	Waschen und in kurze Stücke schneiden	2 Minuten blanchieren	8–10 Tage
Pilze	Mit Pilzbürste reinigen und große Pilze in Scheiben schneiden	Keine	6–8 Tage
Zwiebeln	In 3 mm dicke Ringe schneiden	Keine	8–11 Tage
Paprika	In 3 mm dicke Ringe schneiden	Keine	6–8 Tage
Petersilie	Waschen und parallel zu den Stängeln hacken	Keine	6–8 Tage

Obst zum Trocknen schneiden sollte. Einige Obstsorten wie Feigen und Beeren trocknet man am besten im Ganzen, doch grundsätzlich trocknen dünne, gleichmäßige Stücke ohne Schale am schnellsten. Einige Obstsorten sollten nach dem Schneiden wenige Minuten in Zitronen- oder Orangensaft getaucht werden (siehe Tabelle oben). Da Obst Fruchtzucker enthält, kann es beim Trocknen klebrig werden. Verwenden Sie darum ein beschichtetes Backblech oder arbeiten Sie mit Backpapier. Legen Sie immer nur eine Schicht Fruchtstücke auf, die sich nicht überlappen sollten.

GEMÜSE TROCKNEN

Zwiebeln, Paprika, Sellerie und Pilze lassen sich gut trocknen. Dazu das Gemüse zunächst in gleich große Stücke schneiden und, falls nötig (siehe Tabelle oben), einige Minuten in kochendem Wasser blanchieren, dann durch ein Sieb abschütten und sofort in ein Eiswasserbad geben, um den Garprozess zu beenden. Anschließend trocken tupfen.

KRÄUTER TROCKNEN

Am besten erntet man Kräuter kurz vor der Blüte, wenn die Knospen schon ganz prall

sind. Das Trocknen dauert 2–3 Wochen – je nach Bedingungen. Kräuter unter kaltem Wasser abspülen, dann überschüssiges Wasser abschütteln. Langstielige Kräuter lassen sich im Bund trocknen. Hängen Sie die Sträuße kopfüber in einem gut belüfteten Raum auf. Ist es dort staubig, können Sie die Sträuße einzeln in eine gelöcherte Papiertüte hüllen. Großblättrige Kräuter wie Basilikum oder kurzstielige Sorten kann man auf einem Gitter oder Tablett trocknen. Im letzteren Fall die Kräuter täglich wenden.

DÖRRAUTOMATEN

Dörrautomaten sind kleine Elektrogeräte, mit denen man Lebensmittel im Haus trocknen kann. Sie haben ein Heizmodul und einen Ventilator und funktionieren sehr zuverlässig. Man kann außerdem auch im Backofen trocknen – in Umluftöfen geht das besonders gut.

DER TROCKENTEST

Die Lebensmittel müssen trocken sein, bevor man sie lagert. Ob das der Fall ist, erkennt man an Aussehen, Haptik und Geschmack. Schneiden Sie zur Probe einige Stücke an der dicksten Stelle durch: Im Inneren darf keine Feuchte mehr erkennbar sein (sind sie in der Mitte dunkler, müssen sie noch trocknen). Orientieren Sie sich an folgenden Regeln:

• Obststreifen sollten biegsam und elastisch sein und nicht aneinanderkleben, wenn man sie zusammenfaltet.

• Gemüse sollte so brüchig sein, dass man es mit einem Hammer zerbröseln könnte.

• Fleisch muss sich sehr trocken anfühlen. Dörrfleisch ist dunkel, faserig und bildet scharfe Spitzen aus, wenn man es biegt.

• Kräuter sollten krümelig sein und zerbröseln, wenn man sie zerreibt.

• Fruchtpaste muss sich trocken anfühlen und leicht vom Blech lösen lassen.

LAGERUNG

Sind die Lebensmittel trocken genug, muss man sie angemessen lagern. Dazu eignen sich luftdicht verschließbare Behälter am besten (siehe Seite 53).

LUFTTROCKNEN

Das Trocknen an der Luft ist eines der einfachsten und dekorativsten Verfahren, um Lebensmittel haltbar zu machen. Dazu eignen sich zwar nicht alle Obst- und Gemüsesorten, doch einige machen sich ausgezeichnet als essbare Dekoobjekte. Wir trocknen in unserer Küche alljährlich Chilis und Kräuter, an denen wir uns den ganzen Winter lang bedienen. Wenn man den Lebensmitteln ihre Feuchtigkeit entzieht, halten sie sich sehr lange, und durch den Trocknungsprozess intensiviert sich ihr Geschmack. Im Kochtopf entfalten sie dann ihr ganzes Aroma.

CHILIS TROCKNEN

Knoten Sie Bündel von 3–4 Chilifrüchten in regelmäßigen Abständen an einen Bindfaden und hängen Sie die Girlande an Haken auf. Sie können die Früchte auch an den Stielen mit einer Nadel auf einen Bindfaden ziehen. So kann die Luft frei um sie herumzirkulieren.

Chilis trocknen in einem Trockenschrank in wenigen Tagen, in der Küche dauert es 2–3 Wochen, bis Kräuter und Chilis trocken sind (nicht in einer Ecke aufhängen, dort kann die Luft nicht frei zirkulieren). Auf einer überdachten Terrasse können Sie die Chilis unter der Dachtraufe aufhängen. Wichtig ist, dass die Chilis trocken bleiben und gleichzeitig genügend Luft abbekommen. Unserer Erfahrung nach sieht es zwar schön aus, die Früchte über dem Herd zu trocknen, doch leider werden sie durch die aufsteigenden Kochdünste mit einem unschönen Fettfilm überzogen.
Lassen Sie die Chilis 2–3 Wochen trocknen. Kontrollieren Sie sie alle paar Tage. Sind die

Früchte so trocken, dass sie sich leicht zerbröseln lassen, in einem verschließbaren Glas an einem kühlen, dunklen Ort aufbewahren.

Beim Knoten haben Sie die Wahl.

EINGELEGTE CHILIFLOCKEN

150 ml Essig

2 EL Zucker

50 g getrocknete Chilis, Stängel entfernt

1 Prise Salz

1 Prise frisch gemahlener

schwarzer Pfeffer

Essig und Zucker sanft in einem Topf erhitzen, bis der Zucker aufgelöst ist. Die Chilis in einer Küchenmaschine oder einem Mörser zu Flocken verarbeiten und zur Essigmischung geben. Aufkochen, dann im Topf abkühlen lassen. Mit Salz und Pfeffer würzen, in ein verschließbares Glas füllen und im Kühlschrank aufbewahren.

In diesem Glas steckt Feuer.

KRÄUTER TROCKNEN

Am aromatischsten sind Kräuter wie Salbei, Rosmarin und Thymian, wenn man sie kurz vor der Blüte erntet. Binden Sie sie zu kleinen Sträußen und hängen Sie diese an einem luftigen Ort auf. Sobald die Kräuter trocken sind, Blätter von den Stielen streifen, in Gläser füllen und diese am besten griffbereit in Herdnähe platzieren.

Wer seine Kräuter nicht selbst zieht, kann sich vielleicht bei Nachbarn oder Freunden im Kräutergarten bedienen: Schließlich tut den meisten Kräutern ein gelegentlicher Beschnitt sehr gut. Frische Kräuter zu kaufen ist hingegen keine kostengünstige Lösung.

Getrocknete Chilis sind in unseren Rezepten eine wesentliche Zutat. Hier werden getrocknete Chiliflocken mit Kräutern kombiniert und als Rub (Marinade zum Einreiben) für einen Grillspieß verwendet. Die Chilikerne werden nicht entfernt.

FÜR 4–8 PERSONEN

400 g Seeteufelschwanz, gewürfelt

400 g Lachsfilet, gewürfelt

100 g rohe Riesengarnelen, ausgelöst

Saft von 1 Limette

CHILI-KRÄUTER-RUB

4 getrocknete Chilis, fein gehackt

2 Knoblauchzehen, fein gehackt

1 EL frisch gehackter Zitronenthymian

1 EL frisch gehackte Petersilie

abgeriebene Schale von 1 Limette

1 TL Meersalz

1 TL frisch gemahlener schwarzer Pfeffer

2 EL Olivenöl

SÜSSE CHILISAUCE

2 getrocknete Chilis, fein gehackt

1 Knoblauchzehe, zerdrückt

2 EL Zucker

20 ml Weißweinessig

60 ml Wasser

1 TL Speisestärke

MEERESFRÜCHTESPIESSE MIT CHILI-KRÄUTER-RUB

8 Holzspieße mindestens 30 Minuten in kaltem Wasser einweichen.

Für den Chili-Kräuter-Rub Chilis, Knoblauch, Thymian, Petersilie, Limettenschale, Salz und Pfeffer in eine Schüssel geben. Das Öl hinzufügen und alles gründlich vermengen.

Fisch und Garnelen in die Schüssel geben und gründlich im Rub wenden, bis alles gleichmäßig umzogen ist. Den Holzkohle- oder Backofengrill vorheizen und derweil die marinierten Zutaten auf die Spieße stecken.

Für die süße Chilisauce Chilis und Knoblauch in einen kleinen Topf geben. Zucker, Essig und 60 ml Wasser hinzufügen und alles zum Kochen bringen. Dann bei reduzierter Hitze 3–4 Minuten köcheln lassen. Schließlich die Speisestärke mit 1 Esslöffel Wasser glatt rühren und unter die Sauce rühren, damit sie andickt.

Den Rost auf die oberste Schiene stellen und die Spieße 5 Minuten grillen – Vorsicht, sie brennen schnell an! Mit der süßen Chilisauce und 1 Spritzer Limettensaft servieren.

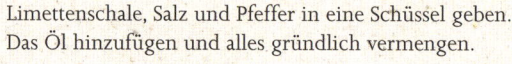

Die Zutaten behutsam aufspießen

METHODE 5

SONNEN- TROCKNUNG

Gegenwärtig erlebt das jahrtausendealte Verfahren der Sonnentrocknung eine echte Renaissance. In ihrer simpelsten Variante funktioniert diese Methode buchstäblich ohne jede Ausrüstung – solange ausreichend Luft um das Obst oder Gemüse zirkuliert, kann man der Natur getrost ihren Lauf lassen. Für uns sind unsere selbst gebauten Solartrockner eine weitere Möglichkeit, die Ernte aus unserem eigenen Garten – zum Beispiel Tomaten, Chilis und Äpfel – haltbar zu machen.

VOR- UND NACHTEILE

- Der Eigenbau von Solartrocknern dauert nur wenige Stunden und kostet fast nichts.
- Gerade im Sommer sind sie zum Haltbarmachen praktisch: Das Haus wird nicht durch zusätzliche Wärmequellen aufgeheizt.
- Das Trocknen in der Sonne kostet nichts, da außer der Sonnenkraft keine Energie verbraucht wird.
- Das Trocknen im Solartrockner dauert länger als im normalen Ofen. Man muss also einige Stunden – oder gar Tage – warten, bis man sein Dörrobst oder -gemüse essen kann. Da man den Prozess nicht überwachen muss, ist der Zeitaufwand trotzdem gering.
- Bei Wolken und Regenwetter funktioniert ein Solartrockner nicht. Darum eignet sich die Methode wirklich nur für sonnige Tage.

SO FUNKTIONIERT EIN SOLARTROCKNER

„Eingefangen" wird die Sonnenwärme in einem Holzkasten mit Glasabdeckung, der mit Wärme absorbierendem, schwarzem Material (für gewöhnlich Metall, da es Hitze sehr gut absorbiert) ausgekleidet ist. Von dort strömt die Wärme in einen Kasten, der einen metallenen Gitterrost enthält und als Ofen fungiert: Die im Kollektor gesammelte Wärme steigt nach oben und trocknet das Obst oder Gemüse auf dem Gitter. Die weiß gestrichenen Wände im Ofen minimieren den Wärmeverlust. Das Trocknen im Solarofen dauert länger als in einem konventionellen Elektro- oder Gasofen, doch als günstige Konservierungsmethode ist das Verfahren unschlagbar.

SO BAUT MAN EINEN SOLAR- TROCKNER

Für den Sonnenkollektor benötigt man einen hölzernen Kasten mit Glasabdeckung, da Holz dank seiner isolierenden Eigenschaften den Wärmeverlust reduziert. Eine praktische und zeitsparende Lösung ist ein alter Schrank mit Glasfront oder eine alte, mit einem alten Fenster abgedeckte Schublade. Hier gilt: Je größer, desto besser, denn je mehr Sonnenlicht man einfängt, desto schneller trocknet das

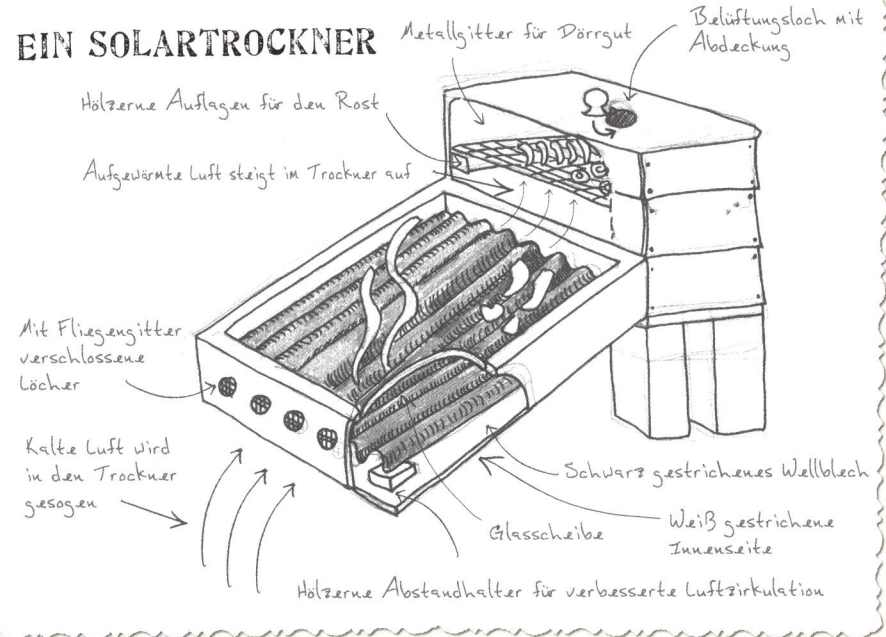

EIN SOLARTROCKNER

Metallgitter für Dörrgut

Belüftungsloch mit Abdeckung

Hölzerne Auflagen für den Rost

Aufgewärmte Luft steigt im Trockner auf

Mit Fliegengitter verschlossene Löcher

Kalte Luft wird in den Trockner gesogen

Schwarz gestrichenes Wellblech

Glasscheibe

Weiß gestrichene Innenseite

Hölzerne Abstandhalter für verbesserte Luftzirkulation

Obst oder Gemüse. Nun eine Seitenwand des Kastens entfernen, einige Löcher in die gegenüberliegende Wand bohren und mit Fliegengitter abdecken. Durch diese Löcher wird Luft in den Kollektor gesogen, um dort erwärmt zu werden und in den am anderen Ende an den Kollektor angeschlossenen Ofen aufzusteigen. Alle Löcher und Ritzen verschließen und den Kasten von innen weiß streichen. Am Boden befestigte Holzklötzchen dienen als Abstandhalter für die schwarze Verkleidung und sorgen damit für die freie Luftzirkulation.

Dann ein Stück Metall, am besten Wellblech, auf die Maße des Kastens zurechtschneiden, schwarz anstreichen und auf die Abstandhalter im Kasten legen. Als Deckel dient ein altes Fenster oder eine Scheibe mit Scharnieren. Stellen Sie den Kollektor der Mittagssonne zugewandt auf: Bauen Sie eine Abstützung, die den Kollektor in der richtigen Höhe und

Neigung hält. Diese dient gleichzeitig als Unterbau für den Ofen.

Zimmern Sie einen zweiten Kasten, der in der Breite zu den Maßen des Sonnenkollektors passt. Dieser wird als Ofen dienen. Streichen Sie ihn von innen weiß, damit die Hitze nicht nach außen strahlt, wenn er sich erwärmt. Als Halterung für die Gitterroste dienen kleine Latten an den Seitenwänden. Bohren Sie einige Löcher in den unteren Bereich der Vorderwand, sodass diese sich auf einer Höhe mit der offenen Seite des Kollektors befinden. Verschrauben Sie die beiden Kästen nun miteinander. Dabei dürfen keine Ritzen offen bleiben. Bohren Sie nun ein Loch in die Ofendecke. Als bewegliche Abdeckung für dieses Lüftungsloch dient ein mit einem kleinen Türknauf verbundenes Stück Holz, das das Loch vollständig abdeckt. Schrauben Sie den Türknauf an einer Seite auf dem Ofen fest.

DIE RICHTIGE POSITION

In einem Solartrockner wird es nicht sehr heiß. Wenn Sie also Lebensmittel am gleichen Tag trocknen und verzehren wollen, sollten Sie vormittags mit dem Trocknen beginnen und den ganzen Tag einplanen. Stellen Sie den Solartrockner der Sonne zugewandt auf. Im Laufe des Tages werden Sie ihn immer wieder umstellen müssen: Er sollte nie im Schatten stehen. Fehlt es Ihnen an Zeit, stellen Sie ihn genau in Richtung Mittagssonne auf. Die Trocknungszeit ist abhängig von Form, Größe und Aufbau Ihres Solartrockners sowie natürlich vom Wetter. Die Stunden rund um die Mittagszeit eignen sich am besten.

DER SOLARTROCKNER IM EINSATZ

Wir empfehlen das Gerät zum Trocknen von Obst, Gemüse, Samen und Kräutern. Man kann darin auch Speisen zubereiten.

Für das Dörren im Solartrockner sollten Sie die Zutaten kleiner als gewöhnlich schneiden, denn je größer ihre Oberfläche ist, desto besser trocknen sie. Obst oder Gemüse, das seine Farbe verändert, wenn es mit Luft in Berührung kommt, tut das auch im Solartrockner. Dem kann man vorbeugen, indem man die Schnittflächen mit Zitronensaft oder Ascorbinsäure einreibt, bevor man die Früchte in den Solartrockner gibt.

EINEN SOLARTROCKNER BENUTZEN

Den Rost mit Dörrgut belegen und in den Ofen geben. Zwischen Ofenboden und Rost muss ausreichend Abstand bleiben, damit die Luft gut zirkulieren kann.

Den Ofen abdecken und bis zum Ende des Trocknungsprozesses verschlossen lassen.

Während des Trockenvorgangs sollten Sie die Fruchtstücke weder wenden noch die Abdeckung anheben, um einen Blick in den Solartrockner zu werfen: Dadurch geht wertvolle Wärme verloren. Die durchschnittlichen Temperaturen in unserem Solartrockner liegen um die 50 °C und sind damit ideal zum Trocknen von Kräutern.

ANDERE BAUWEISEN

Bei Solartrocknern gibt es die unterschiedlichsten Bauweisen. Richten Sie z.B. eine alte, mit Alufolie umhüllte Satellitenschüssel zur Sonne aus. Wenn Sie einen Kessel darüberhängen, können Sie darin Ihr Kaffeewasser kochen.

GETROCKNETE TOMATEN

Die Tomaten in dünne Scheiben schneiden, auf einem Rost in den Solartrockner setzen und in der Sonne 4–5 Stunden trocknen. Sie sind fertig, wenn sie vollständig durchgetrocknet sind. Falls dies noch nicht der Fall ist, die Tomaten aus dem Trockner nehmen, über Nacht in einem luftdicht verschließbaren Behälter lagern und das Trocknen am nächsten Tag fortsetzen. Je nach Sonneneinstrahlung kann die Trocknung ein paar Tage oder sogar 1 Woche in Anspruch nehmen. Die fertig getrockneten Tomaten in einem Glas mit Öl übergießen und an einem dunklen Ort aufbewahren. Die Tomaten sind bis zu 6 Monate haltbar. Vor der Verwendung 1 Stunde in warmem Wasser einweichen oder direkt verwenden.

HALB GETROCKNETE TOMATEN

Im Unterschied zu getrockneten Tomaten ist diese Variante noch ein wenig weich. Sie werden ebenso wie getrocknete Tomaten zubereitet, allerdings schon nach 3–4 Stunden aus dem Solartrockner herausgenommen. Mit etwas Olivenöl beträufelt, sind sie im Kühlschrank 1 Woche haltbar.

Halb getrocknete Tomaten mit etwas Salz

Dieses selbst gemachte Knuspermüsli ist unser absoluter Liebling. Welche Trockenfrüchte und Nüsse Sie verwenden, bleibt dabei ganz Ihnen überlassen – Haselnüsse,
Paranüsse, Kürbiskerne oder Sonnenblumenkerne sind ebenfalls köstliche Varianten. Wir haben bei diesem Müsli auf ein mengenmäßiges Gleichgewicht zwischen
Haferflocken, Früchten und Nüssen geachtet.

ERGIBT CA. 1,25 KG

150 ml Rapsöl

100 ml heißes Wasser

200 g Honig

500 g Haferflocken (Kleinblatt)

300 g Nüsse (Mandelblättchen, gehackte

Pekannüsse und gehackte Walnüsse)

200 g Trockenfrüchte (Rosinen, Sultaninen und

getrocknete Kirschen)

DAS WELTBESTE KNUSPERMÜSLI

Den Backofen auf 160 °C vorheizen.

Öl, heißes Wasser und Honig in einer Schüssel verquirlen. Haferflocken
und Nüsse in einer großen Schüssel mischen. Mit der Honigmischung
übergießen und gut wenden, bis Haferflocken und Nüsse gleichmäßig
benetzt sind.

Die Mischung auf 2 Backbleche verteilen. 10 Minuten im vorgeheizten
Ofen rösten, dann herausnehmen, umrühren und weitere 10 Minuten
rösten.

Das Müsli wird beim Abkühlen fest. Nach dem Abkühlen größere
Stücke zerkleinern, dann die Trockenfrüchte untermengen. In einem
luftdicht verschließbaren Behälter ist das Müsli bei Zimmertemperatur
bis zu 2 Monate haltbar. Tiefgefroren hält es sich sogar bis zu 6 Monate.

TROCKNEN IM OFEN

Mit dieser Methode kann man saisonales Obst und Gemüse ohne großen Aufwand konservieren. Sie beugt der Entwicklung unerwünschter Enzyme, Bakterien, Hefen und Pilze vor, die in feuchtem Milieu gedeihen. Und die Produkte bleiben dadurch nicht nur länger haltbar, sondern werden häufig auch intensiver im Geschmack. So kann man mitten im Winter süße Sommerfrüchte und herbstliche Köstlichkeiten genießen. Auch finanziell lohnt sich das Ganze: Erlesene Zutaten wie getrocknete Pilze und Chilis sowie sonnengetrocknete Tomaten kosten Sie kaum etwas – insbesondere, wenn Sie die Resthitze im Backofen nach dem Backen nutzen.

DIE AUSWAHL DER PRODUKTE

Wir verwenden zum Trocknen immer nur sehr frische, makellose und reichlich vorhandene Früchte aus unserem Garten, die wir sehr behutsam ernten, um sie nicht zu beschädigen. Am besten erntet man, wenn Tau und Feuchtigkeit verschwunden sind, da diese die Trockenzeit verlängern.

DAS TROCKNEN

Obst und Gemüse schneidet man zum Trocknen in Scheiben, verteilt es auf Backbleche und lässt es bei niedrigen Temperaturen sehr lange im Backofen. In einem normalen Elektrobackofen wird das Dörrgut bei einer Temperatur von 45–55 °C binnen mehrerer Stunden schonend dehydratisiert. Bei Geräten, die sich nicht so niedrig einstellen lassen, wählen Sie die Minimaltemperatur und lassen die Tür offen. Schieben Sie mehrere Bleche gleichzeitig in den Ofen, um die Wärme optimal zu nutzen.

UND WANN IST'S FERTIG?

Hier gilt das Trial-and-Error-Verfahren: Machen Sie nach einigen Stunden eine Probe. Ist das Dörrgut noch nicht ganz trocken, probieren Sie nach 1 Stunde noch einmal. Prüfen Sie so oft, bis die Lebensmittel vollständig getrocknet sind.

Bei Kräutern und Chilis können Sie den Knick-Test machen – wenn sie brechen, sind sie fertig. Sind sie noch elastisch, brauchen sie noch eine Weile. Für die meisten Obstsorten und einige andere Lebensmittel gilt: Kommt kein Wasser mehr heraus, wenn man sie zusammenpresst, sind sie fertig.

AUFBEWAHRUNG

Der richtige Aufbewahrungsbehälter ist von entscheidender Bedeutung. Geeignet sind luftdichte Behälter, lebensmittelechte Plastikbeutel und Gläser mit Deckel. Wir verwenden fast alle Gläser, die uns ins Haus kommen.

VORSCHLAG: APFEL- & BIRNENRINGE

Die Früchte entkernen, in 5 mm dicke Ringe schneiden und in eine Lösung aus Wasser, Zitronensaft, 1 Teelöffel Zucker und 1 Prise Zimt tauchen. Überschüssige Flüssigkeit mit Küchenpapier abtupfen und die Ringe auf einem Backblech bei 45–55 °C 3–5 Stunden in den Ofen schieben. Die Früchte schmecken als kleiner Imbiss, machen sich auch im Kochtopf gut und sind 3–6 Monate haltbar.

VORSCHLAG: WURZELGEMÜSE-CHIPS

Aus Roter Bete, Pastinaken und Karotten kann man kinderleicht köstliche Chips machen. Gemüse putzen und in dünne Scheiben schneiden, auf einem Backblech verteilen und bei 45–55 °C 3–5 Stunden im Backofen trocknen lassen. Die fertigen Chips halten sich in einem luftdicht verschlossenen Behälter 3–6 Monate.

VORSCHLAG: KRÄUTER & GEWÜRZE

Trocknen Sie Kräuter wie Rosmarin und Salbei kurz vor der Blüte: Dann haben sie den größten Anteil an ätherischen Ölen. Kräuter auf ein Backblech legen und 2–3 Stunden bei 40 °C in den Ofen schieben. Nach dem Trocknen die Blätter über einem Küchenpapier von den Stielen streifen. Dunkel gelagert, halten sich

die Kräuter in einem luftdichten Behälter bis zu 6 Monate. Ebenso können Sie auch Samen von Kräutern und Gewürzen wie Koriander und Kreuzkümmel trocknen. Eine Trockentemperatur von 47 °C ist ideal.

Blätter von den Stielen streifen

In den Sommermonaten kann man reichlich selbst angebaute Erdbeeren ernten, doch wie überbrückt man nur den Rest des Jahres ohne den herrlichen Erdbeergeschmack? Ganz einfach, indem man aus frischen Erdbeeren durch langsames Backen bei niedriger Temperatur einen Snack macht, der bis zu 3 Monate haltbar ist. Dieses Rezept eignet sich übrigens für jede weiche Obstsorte.

FÜR 4 PERSONEN

300 g Erdbeeren

50 g Zucker

GETROCKNETE ERDBEERRÖSCHEN

Den Backofen auf 50 °C oder niedrigste Temperatur vorheizen.

Die Erdbeeren in einer Schüssel zerdrücken oder pürieren, bis eine recht glatte Masse mit nur wenigen festen Stückchen entsteht. Den Zucker hinzufügen und gut untermengen.

Die Fruchtmasse auf einem mit Backpapier ausgelegten Backblech verstreichen und 6–8 Stunden im vorgeheizten Ofen trocknen.

Auf dem Backblech abkühlen lassen, dann in lange, schmale Streifen schneiden. Jeden Streifen einzeln vom Papier abziehen und aufrollen. In einem luftdicht verschließbaren Behälter sind die Erdbeerröschen bis zu 3 Monate haltbar.

KONSER-
VIEREN IN
GLÄSERN

KONSERVIEREN IN GLÄSERN

Bügel- und Schraubgläser eignen sich ausgezeichnet zur Konservierung von Lebensmitteln. Wer seine Vorräte gut organisiert und genau weiß, was in welchem Glas ist, kann im Handumdrehen ein köstliches Mahl zubereiten. Für das Konservieren im Glas gibt es viele Verfahren. In diesem Kapitel geht es darum, wie man Lebensmittel mit Salzlake, Essig, Öl, Zucker und Alkohol haltbar macht. Grundsätzlich kann man mit den unterschiedlichen Methoden ganz verschiedene Ergebnisse in Geschmack und Konsistenz erreichen.

DIE WICHTIGSTEN METHODEN

In diesem Abschnitt geht es um die Aufbewahrung von hausgemachten Spezialitäten in Gläsern. Auf diese Weise haltbar gemachte Lebensmittel – Konfitüren, sauer Eingelegtes und Chutneys – haben einen hohen Zucker-, Salz- oder Säuregehalt (pH-Wert über 4,6).

Man kann Lebensmittel außerdem auch durch Kochen und gleichzeitiges luftdichtes Verschließen in speziellen Gläsern haltbar machen. Nach dem Einkochen halten sich die Speisen 1–5 Jahre. Ihr Säuregehalt ist niedrig (pH-Wert unter 4,6). Die meisten Gemüsesorten sowie Fleisch und Geflügel lassen sich einkochen. Dabei muss das Einkochgut unbedingt auf ausreichend hohe Temperaturen (116–130 °C) gebracht werden, um etwaige Krankheitserreger abzutöten. Andernfalls kann es zu einer schweren Lebensmittelvergiftung, dem sogenannten Botulismus, kommen. Damit die Speisen nicht ungenießbar werden und ihren Nährwert gänzlich verlieren, sollte man sie in einem großen, stabilen, für das Einkochen geeigneten Dampfdrucktopf 3 Minuten lang auf 121 °C erhitzen.

DIE AUSWAHL DER GLÄSER

Viele Feinkostläden locken mit appetitlich in hübsche Gläser gefüllten Spezialitäten aus traditioneller Herstellung – seien es Konfitüren, Chutneys, sauer Eingelegtes, Senf oder Saucen. Allerdings muss man dafür unanständig teuer bezahlen. Warum also nicht die eigenen hausgemachten Delikatessen in hübschen Gläsern verschenken? Sie sind eine liebevolle Aufmerksamkeit und ein echter Luxus noch dazu. Halten Sie immer nach dekorativen Gläsern Ausschau.

Bevor Sie sich ans Werk machen, gilt es, einige wichtige Punkte zu berücksichtigen: Die Lebensmittel bedürfen zunächst einer speziellen Vorbereitung, um den Mikroorganismen, die die Ware verderben können, den Garaus zu machen. Außerdem müssen die Gläser sterilisiert werden, damit die Spezialitäten, für deren Zubereitung Sie viel Zeit aufgewendet haben, auch wirklich haltbar sind. In nicht einwandfrei sterilisierten Gläsern sorgen Mikroben dafür, dass die Lebensmittel sehr schnell verderben und nur noch weggeworfen werden können.

Kräuteröle sehen hübsch aus und schmecken gut.

Jedes Tröpfchen Saft wandert in die Konfitüre.

GLÄSER STERILISIEREN

Es gibt die verschiedensten Methoden. Wir finden das folgende Verfahren am besten:
- Den Backofen auf 140 °C erhitzen.
- Gläser und Deckel auf ein Backblech stellen, dabei darauf achten, dass sie sich nicht berühren.
- Sterilisieren Sie immer mehr Gläser (und Deckel), als Sie zu brauchen glauben. So laufen Sie nicht Gefahr, beim Befüllen feststellen zu müssen, das Ihnen ein Glas fehlt.
- Kontrollieren Sie die Deckel: Beschädigte Exemplare halten nicht mehr dicht.
- Die Ofentür schließen und die Gläser 20 Minuten lang erhitzen.
- Vergessen Sie nicht, auch den Trichter zum Befüllen der Gläser zu sterilisieren (Plastiktrichter einige Minuten in kochendem Wasser sterilisieren).

GLÄSER BEFÜLLEN

- Nehmen Sie die Gläser nach Bedarf mit dicken Topfhandschuhen aus dem Ofen und stellen Sie sie auf einer hitzebeständigen Unterlage ab.
- Die Gläser müssen dieselbe Temperatur haben wie die Speise, mit der Sie sie befüllen wollen.
- Geben Sie keine kalten Speisen in heiße Gläser und keine heißen Speisen in kalte Gläser: Sie könnten springen.
- Befüllen Sie die Gläser nicht bis zum Rand, sonst kann sich unter Umständen kein Vakuum bilden.

GLÄSER LUFTDICHT VERSCHLIESSEN

- Wischen Sie den Glasrand vor dem Verschließen sorgfältig ab: Speisereste oder Salz verhindern, dass der Deckel luftdicht schließt.

- Lassen Sie Konfitüren und Eingelegtes mit lose aufgelegtem Deckel 15 Minuten ruhen, bevor Sie die Gläser endgültig verschließen.
- Versehen Sie die Gläser mit Etiketten, auf denen Inhalt und Datum vermerkt sind – so haben Sie langfristig eine bessere Übersicht über Ihre Vorratshaltung.

LUFTDICHTEN VERSCHLUSS PRÜFEN

Wenn man heiße Speisen in ein sterilisiertes Glas gibt und den Deckel zuschraubt (oder bei einem Bügelglas mit Gummiring – wie unten abgebildet – zuklappt), zieht sich die Luft zwischen Glasinhalt und Deckel beim Abkühlen zusammen, und der Verschluss wird durch das entstehende Vakuum luftdicht versiegelt. Viele moderne Deckel haben ein bewegliches Innenstück, das durch das Vakuum nach innen gezogen wird. Wenn man daraufdrückt, darf kein „Plopp"-Geräusch zu hören sein. Ist dies der Fall, sollte man den Inhalt des Glases nicht essen. Ein luftdicht verschlossener Deckel sitzt immer sehr fest auf dem Glas.

Kalt eingelegte Gurken bleiben schön knackig.

SAUER EINGELEGTES

Kalt eingelegtes Gemüse oder Obst verändert Aussehen und Konsistenz beim Konservieren nicht. Die Hauptarbeit besteht in der Vorbereitung: Obst und Gemüse müssen geputzt und je nach Rezept gehackt und in Scheiben geschnitten werden. Das Grundprinzip besteht darin, dem Gemüse mithilfe von Salz so viel Wasser wie möglich zu entziehen, damit es sich mit Essig und den Aromen der verschiedenen Gewürze vollsaugen kann.

GURKEN EINLEGEN

Die Gurken in Streifen schneiden und einen Teil davon in eine Schüssel schichten. Mit Salz bedecken, dann ein paar Knoblauchzehen darüber verteilen und erneut mit Salz bestreuen. So weiterschichten und die Gurken über Nacht ziehen lassen.

Gründlich abspülen und in sterilisierte Gläser (siehe Seite 53) füllen. Knoblauch, Schalotten, Essig, Lorbeerblatt, Kräuter und Senfkörner in einer Schüssel verrühren und das Glas damit ganz füllen. Verschließen und vor dem Verzehr 3–4 Wochen durchziehen lassen.

VORBEREITUNG DER GEWÜRZE

Man kann viel Zeit sparen, wenn man seine Lieblingsgewürzmischungen bereits im Voraus in größeren Mengen vorbereitet. Traditionell enthalten die Mischungen eine Vielzahl von gehackten und gerebelten Kräutern und Gewürzen – je aromatischer, desto besser. Unsere Lieblingsaromen sind Senfkörner, schwarze Pfefferkörner, Nelken, Piment, Muskatnuss, Lorbeer, Ingwer, Koriandersamen und zerstoßene Zimtstangen.

GEMÜSE EINLEGEN

Putzen Sie zunächst das Gemüse und schneiden Sie es in Stücke oder Scheiben. Füllen Sie es dann schichtweise in eine Schüssel oder einen Kunststoffbehälter und bestreuen Sie jede Schicht mit Salz, sodass alle Gemüsestücke mit Salz bedeckt sind. Lassen Sie das Gemüse über Nacht bei Zimmertemperatur stehen.

Am nächsten Morgen waschen Sie das überschüssige Salz unter fließendem Wasser ab und füllen das Gemüse in sterilisierte Gläser (siehe Seite 53). Danach verrühren Sie den Essig mit den Gewürzen und geben die Mischung über das Gemüse in den Gläsern. Der gesamte Inhalt muss mit Flüssigkeit bedeckt sein.

Lassen Sie das Gemüse einige Wochen durchziehen, bevor Sie das erste Glas öffnen. Kalt eingelegtes Gemüse hält sich etwa 6 Monate.

EINGELEGTE GURKEN

Ergibt 500 g

500 g Salatgurke, in langen, dünnen Streifen

200 g Salz

2 Knoblauchknollen, Zehen geschält

3 Schalotten, in feinen Ringen

800 ml Weißweinessig

1 Lorbeerblatt, zerbröselt

2 EL frisch gehackter Dill oder Estragon

2 TL Senfkörner

Weinblätter (nach Belieben)

Der Anleitung links für eingelegte Gurken folgen.

EINGELEGTE ZWIEBELN

Ergibt 1 kg

1 kg Zwiebeln, geschält

100 g Salz

200 g Zucker

1 l Malzessig

1 TL Koriandersamen

1 TL gelbe Senfkörner

1 TL Pimentkörner

1 TL schwarze Pfefferkörner

2 getrocknete Chilis

Die Zwiebeln mit dem Salz bestreuen und über Nacht ziehen lassen. Abspülen und in sterilisierte Gläser (siehe Seite 53) füllen. Zucker und Essig in einem Topf erhitzen, bis der Zucker aufgelöst ist. Die Gewürze hineingeben, dann alles über die Zwiebeln gießen. Mindestens 1 Monat durchziehen lassen.

WARM & SCHARF EINGELEGTES

Scharf und würzig

Bei dieser Konservierungsmethode wird zumindest ein Teil der Zutaten erhitzt. Ein typisches Beispiel sind die in England beliebten Lime Pickles. Diese eingelegten Limetten isst man, wie so viele andere Obst-Pickles, zu indischen Gerichten, um deren Schärfe ein wenig mildern. Die Konsistenz der Fruchtstücke hängt von ihrer Größe ab. Dünne Scheiben oder kleine Würfel werden beim Kochen weicher. Bei 5 Esslöffeln Chiliflocken schmecken die eingelegten Früchte angenehm würzig, ein Pickle mit 10 oder mehr Esslöffeln Chili aber wird eine scharfe Angelegenheit.

SCHARF EINGELEGTE ZITRONEN

Zitronen lassen sich ebenso wie Limetten einlegen, doch sie zerfallen schneller und sind weicher in der Konsistenz.

1 kg Zitronen

100 g Salz

3 EL Senfkörner

10 Bockshornkleesamen

2 TL Kreuzkümmelsamen

1 TL Kardamomsamen

400 g Zucker

5 EL Chilipulver

3 Knoblauchzehen

½ TL Asant

Folgen Sie der Anleitung rechts für scharf eingelegte Limetten. Die Vorgehensweise ist dieselbe.

SCHARF EINGELEGTE LIMETTEN

1 kg Limetten (ca. 16 Stück)

100 g Salz

3 EL Senfkörner

10 Bockshornkleesamen

2 TL Kreuzkümmelsamen

1 TL Kardamomsamen

400 g Zucker

5 EL Chilipulver

75 g frische Ingwerwurzel, gerieben

Bitte der Schritt-für-Schritt-Anleitung links folgen.

SCHARF EINGELEGTE LIMETTEN

Die Limetten über Nacht in einer Schüssel mit kaltem Wasser einweichen. Abgießen, dann beide Enden der Limetten abschneiden. In Stücke schneiden und die Kerne entfernen.

Die Limetten in einer flachen Schüssel mit dem Salz bestreuen. Einige Stunden ziehen lassen, bis der Limettensaft ausgetreten ist.

Die Gewürze mischen. Die Flüssigkeit der Limetten mit Gewürzen und Zucker in einen Topf geben. Unter Rühren aufkochen, bis der Zucker aufgelöst ist. Kurz kochen, vom Herd nehmen und das Chilipulver unterrühren.

Limetten und Ingwer unter die abgekühlte Flüssigkeit rühren. Alles in sterilisierte Gläser (siehe Seite 53) füllen. 4–5 Tage an einen warmen Ort stellen. Gut gelagert, sind die Limetten 4 Wochen haltbar.

Ein Piccalilli (englisches Senfgemüse) ist mit der cremigen Sauce und dem knackigen Gemüse ein echter Hochgenuss. Wir lieben es insbesondere zu Käse, kaltem Fleisch und Würsten. Die Liste ließe sich endlos weiterführen …

ERGIBT 2,5–3 KG

1 Blumenkohl, in kleinen Röschen

1 Zucchini, in 1 cm großen Würfeln

3 Zwiebeln, in 1 cm großen Würfeln

3 Karotten, in 1 cm großen Würfeln

1 Salatgurke, geschält, entkernt und in

1 cm großen Würfeln

200 g grüne Bohnen, 1 cm großen Stücken

100 g Salz

75 g Mehl

1 EL mildes Currypulver

15 g gemahlene Kurkuma

45 g Senfpulver

25 g Ingwerpulver

1 l weißer destillierter Malzessig

600 g Zucker

PICCALILLI

Das vorbereitete Gemüse in einer Schüssel mit dem Salz mischen und 24 Stunden abgedeckt ziehen lassen. Anschließend mehrmals mit kaltem Wasser abspülen und 30 Minuten in einem Durchschlag abtropfen lassen.

Mehl und Gewürze in einen großen Topf sieben. Nach und nach unter Rühren so viel Essig zugießen, bis eine klumpenfreie, glatte Paste entsteht. Restlichen Essig und Zucker hinzufügen und alles zum Kochen bringen. Das Gemüse hineingeben und 2 Minuten blanchieren.

Vom Herd nehmen, das Piccalilli in sterilisierte Gläser (siehe Seite 53) füllen und verschließen. Vor dem Verzehr mindestens 1 Monat durchziehen lassen.

Ungeöffnet ist das Piccalilli an einem dunklen, kühlen Ort bis zu 18 Monate haltbar. Geöffnete Gläser innerhalb von 6 Wochen aufbrauchen.

Frisches, knackiges Gemüse

Manchmal hat man einfach Lust auf einen schnellen, sättigenden Snack. Daher haben wir ein tolles Sauerkrautrezept entwickelt, das viel rascher herzustellen ist als die traditionelle fermentierte Variante.

FÜR 4 PERSONEN

1 EL Olivenöl

1 Zwiebel, in dünnen Ringen

1 Weißkohl, geraspelt

300 ml Apfelessig

125 ml Cider

1 EL Salz

SCHNELLES SAUERKRAUT

Das Öl in einem schweren Topf erhitzen und die Zwiebel darin weich dünsten. Kohl, Essig, Cider und Salz hinzufügen und alles zum Kochen bringen. Etwa 30 Minuten köcheln lassen und bei Bedarf mehr Wasser hinzufügen.

In ein sterilisiertes Glas (siehe Seite 53) abgefüllt, ist dieses einfache Sauerkraut im Kühlschrank bis zu 2 Wochen haltbar.

Den Cider eingießen

METHODE 9

AROMATISIERTER ESSIG

Essig gilt beim Konservieren eher als Hilfsmittel, eine Hauptrolle spielt er selten. Das mag daran liegen, dass die üblichen Sorten – Apfelessig, Weiß- und Rotweinessig oder Branntweinessig – kaum einen starken Eigengeschmack haben. Dabei, so haben wir herausgefunden, kann man mit Essig wunderbar experimentieren und farbenfrohe, aromatische Mischungen herstellen. Versuchen auch Sie sich einmal als Essigkoch. Die auf den folgenden Seiten dargestellten Sorten halten sich bis zu 1 Jahr.

HIMBEERESSIG HERSTELLEN

Essig, Zucker und Himbeeren in einem Topf 15 Minuten bei mittlerer Hitze köcheln lassen.

Durch ein feinmaschiges Sieb abseihen und in eine sterilisierte Flasche füllen.

KRÄUTERESSIG

Kräuter zunächst kurz anquetschen, um die ätherischen Öle freizusetzen. 500 ml Apfelessig zum Sieden bringen und die Kräuter zugeben. Hitze reduzieren und den Essig abkühlen lassen, dann in eine sterilisierte Flasche (siehe Seite 53) abseihen.

OBSTESSIG

Viele Obstsorten eignen sich zum Aromatisieren von Essig. Verwenden Sie für rote Früchte Rotweinessig und Weißweinessig für hellere Sorten. 400 ml Essig zum Sieden bringen und 250 g Obst sowie 2–3 Esslöffel Zucker zugeben und aufkochen lassen. Dann Hitze reduzieren und den Essig abkühlen lassen. Erkaltete Flüssigkeit durch einen Baumwollfilter oder ein Haarsieb in eine sterilisierte Flasche (siehe Seite 53) füllen.

BLÜTENESSIG

Aus den Blüten von Pflanzen wie Lavendel oder Kapuzinerkresse kann man exklusive Essigsorten herstellen. Für 500 ml Weißweinessig benötigen Sie 10–15 Blüten. Die Zubereitung entspricht der von Kräuteressig.

HAGEBUTTENESSIG

Dieser aromatisierte Essig harmoniert wunderbar mit Hühnerfleisch oder Fisch, ebenso gut schmeckt er zu einem Melone-Schinken-Salat.

1 l Apfelessig

4 EL Zucker

50 g Hagebutten

Schale von 1 Orange

Essig und Zucker in einem Topf erhitzen, bis der Zucker aufgelöst ist. Abkühlen lassen. Die Hagebutten abwechselnd mit Orangenschalen auf einen Holzspieß stecken. In eine sterilisierte Flasche (siehe Seite 53) geben und mit der Essigmischung auffüllen. Verschließen und mindestens 2–3 Wochen durchziehen lassen.

HIMBEERESSIG

Dieser leicht herzustellende Obstessig schmeckt hervorragend zu einem Salat mit Orangen und roten Zwiebeln oder als Dressing zu einem Bulgur-Granatapfel-Salat. Je stärker der Essig reduziert wird, desto besser wird sein Geschmack.

400 ml Rotweinessig

4 EL Zucker

250 g Himbeeren

Bitte der Schritt-für-Schritt-Anleitung links folgen.

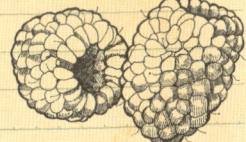

In dieser außergewöhnlichen Essigreduktion wird Balsamico zusammen mit frischen Feigen in einem Topf zu einer fruchtig-spritzigen Creme eingekocht.

200 g frische Feigen

300 ml Balsamico-Essig

1 Prise Zimt

1 Prise frisch geriebene Muskatnuss

3 Wacholderbeeren

1 EL Honig (nach Belieben)

BALSAMICO-FEIGEN-CREME

Die Feigen je nach Größe halbieren oder vierteln und mit allen weiteren Zutaten in einem Topf erhitzen, bis der Essig zu köcheln beginnt. Dann bei reduzierter Hitze 15–20 Minuten um ein Drittel einköcheln lassen. Abschließend die Mischung durch einen Trichter in ein sterilisiertes Glas oder eine Plastikflasche (siehe Seite 53) gießen. Im Kühlschrank aufbewahren.

Die Flasche mit der Essigcreme vor der Verwendung 5 Minuten in eine Schüssel mit warmem Wasser legen. Dadurch wird die Creme flüssiger und gießt sich leichter.

Eine perfekte Verbindung

EINLEGEN IN ÖL

Auch im Öl steckt Aroma.

Lebensmittel mit Öl vor dem Verderben zu bewahren ist auch eine sehr alte Konservierungsmethode. Und dabei entsteht ein köstliches Nebenprodukt – aromatisiertes Öl. In jedem Glas wartet ein doppeltes Vergnügen: Den festen Inhalt kann man als Vorspeise genießen oder als Zutat in einem anderen Gericht verarbeiten, um das Öl anschließend für Salatsaucen oder zum Kochen zu verwenden.

VORBEREITUNG DER ZUTATEN

Konserviert man Kräuter oder Gemüse in Öl, gehen deren Aromen auch auf das Öl über. Darum ist es sinnvoll, Kräuter vor dem Einlegen zu zerbröseln, Nüsse zu rösten und Samen zu zerstoßen, damit sie ihren ganzen Geschmack entfalten können. Es empfiehlt sich, nur trockene Produkte zu verarbeiten, denn Wasser verringert die Haltbarkeit der Speisen. Trocknen Sie Kräuter oder Gemüse im Backofen oder tupfen Sie sie mit Küchenpapier ab, bevor Sie diese ins Glas geben.

VORBEREITUNG DES ÖLS

Die verschiedenen Öle unterscheiden sich in ihrem Geschmack und ihren spezifischen Eigenschaften. Olivenöl eignet sich fast immer, doch Sie können auch mit anderen Sorten experimentieren: Raps- und Mohnöl für leichte Gerichte, Wal- und Haselnussöl für einen kräftigen Geschmack, Erdnuss- und Sesamöl für die orientalische Küche oder Avocadoöl für das besondere Etwas.

Erwärmt man das Öl, werden die Aromen der Zutaten besser absorbiert, doch auch kaltes Öl nimmt Aromen überraschend schnell an.

KONSERVIEREN

Geben Sie die vorbereiteten Kräuter oder das Gemüse in ein Glas oder eine Flasche (sterilisiert, siehe Seite 53) und gießen Sie das Öl dazu. Der Behälter muss gut gefüllt sein. Zum Schluss Glas oder Flasche einige Male vorsichtig auf die Arbeitsfläche klopfen, um eventuelle Luftblasen zu entfernen. Luftdicht verschließen und beschriften.

Ein wenig Zeit bedarf es schon, bis das Öl aromatisiert ist – mindestens 3 Tage. Wenn Sie länger warten, wird der Geschmack intensiver. Schütteln Sie die Flaschen in den ersten Tagen.

Bewahren Sie die Behälter dunkel auf, sonst verblasst der Inhalt. Wer seine eingelegten Schätze nicht verstecken möchte, sollte sie vor direkter Sonneneinstrahlung schützen.

RÖSTPAPRIKA IN ÖL

Zunächst die Paprika halbieren und mit der Hautseite nach oben auf ein Backblech geben. Mit Öl beträufeln und im auf 180 °C vorgeheizten Backofen 45 Minuten rösten. Leicht abkühlen lassen und nach der Schritt-für-Schritt-Anleitung auf dieser Seite weiterverfahren. Für zusätzliches Aroma können Sie beim Rösten noch Knoblauchzehen hinzufügen und die Paprikastreifen mit zerstoßenen frischen Kräutern wie Rosmarin, Thymian oder Oregano in Gläser füllen.

Auf dieselbe Weise lassen sich auch Auberginen, Zucchini und Artischocken zubereiten.

Haut, Stiele und Kerne der gerösteten Paprika entfernen. In Streifen schneiden. Auf Küchenpapier trocknen lassen. Mit Kräutern bestreuen.

Die Paprikastreifen mit weiteren Aromen nach Wunsch, wie beispielsweise Kräutern, in ein sterilisiertes Glas (siehe Seite 53) füllen.

Das Glas mit Olivenöl auffüllen, bis das Gemüse bedeckt ist. Verschließen und an einem dunklen, kühlen Ort aufbewahren.

KRÄUTERÖLE

Werden Kräuter und andere Gewürze in Öl eingelegt, hält sich ihr Aroma länger als bei getrockneten Kräutern. Die folgenden Rezepte sind unsere Favoriten, andere frische Kräuter eignen sich jedoch ebenfalls.

MINZÖL

300 ml Olivenöl

1 TL Zucker

2 EL frisch gehackte
Minze

Alle Zutaten 10 Minuten in einem Topf bei mittlerer Hitze erwärmen. Abkühlen lassen, dann 1 Stunde in den Kühlschrank stellen. Minze verliert mit der Zeit ihre Farbe. Das Öl daher abseihen und in einer sterilisierten Glasflasche (siehe Seite 53) aufbewahren.

ROSMARIN-KNOBLAUCH-ÖL

4 Knoblauchzehen,
geröstet

300 ml Olivenöl

3 große frische
Rosmarinzweige

Den Backofen auf 180 °C vorheizen und die ungeschälten Knoblauchzehen darin 30 Minuten rösten. Um Energie zu sparen, dies möglichst mit einem anderen Backvorgang verbinden. Den abgekühlten gerösteten Knoblauch mit Öl und Rosmarinzweigen in eine sterilisierte Glasflasche (siehe Seite 53) füllen und vor dem Gebrauch 2–3 Tage durchziehen lassen.

GEMISCHTES KRÄUTERÖL

2 frische Thymian-
zweige

2 frische Oregano-
zweige

2 frische Rosmarin-
zweige

6 frische Basilikum-
blätter

300 ml Olivenöl

5 rosa Pfefferkörner

Kräuterzweige und Basilikumblätter ein wenig zerstoßen, damit sie ihr Aroma freigeben. Mit Olivenöl und Pfefferkörnern in eine sterilisierte Glasflasche (siehe Seite 53) füllen und vor dem Gebrauch 2–3 Tage durchziehen lassen.

In aromatisiertem Öl eingelegter Käse ist ein ganz besonderer Genuss. Wir haben hier Ziegenkäse verwendet, es ist jedoch jede andere Käsesorte mit ähnlicher Konsistenz und Rinde geeignet. Besonders köstlich schmeckt dieser eingelegte Käse auf Knäckebrot oder einer Scheibe geröstetem Mehrkornbrot.

FÜR 4 PERSONEN

150 g weicher oder mittelweicher Ziegenkäse
1 EL rosa Pfefferkörner
2 TL Fenchelsamen

350 ml natives Olivenöl extra
75 g Oliven, trocken getupft (nach Belieben)

EINGELEGTER ZIEGENKÄSE MIT ROSA PFEFFERKÖRNERN

Den Ziegenkäse in große Stücke schneiden. Ziegenrollenkäse mit Rinde so schneiden, dass die Innenseite freigelegt ist.

Pfefferkörner und Fenchelsamen in einer kleinen trockenen Pfanne 1–2 Minuten anrösten. Vom Herd nehmen, sobald sie ihr Aroma entfalten, sie dürfen nicht anbräunen. Das Öl in eine Schüssel gießen und gut mit den warmen Gewürzen verrühren.

Den Käse behutsam in ein sterilisiertes (siehe Seite 53) Einmachglas (500 ml Inhalt) füllen, damit er nicht zerbröckelt. Nach Belieben die Oliven hinzugeben. Das Glas schräg halten und das Öl mit den Gewürzen eingießen. Das Öl sollte den Käse vollständig bedecken, bei Bedarf mehr Öl hinzufügen. Den Deckel aufsetzen, dann ein gefaltetes Geschirrtuch auf eine Arbeitsfläche legen und den Boden des Glases ein paarmal auf das Tuch stoßen, um Luftblasen zu entfernen.

Vor dem Verzehr mindestens 24 Stunden an einem dunklen, kühlen Ort durchziehen lassen. Ungeöffnet ist der Käse bis zu 2 Wochen haltbar. Geöffnete Gläser in den Kühlschrank stellen und innerhalb von 10 Tagen aufbrauchen. Bei Zimmertemperatur servieren und daher 1 Stunde vor der Verwendung aus dem Kühlschrank nehmen.

Zum Rösten von Gewürzen ist eine kleine trockene Pfanne ideal.

METHODE II

EINWECKEN

Wer einweckt – oder einkocht –, kann sich über prall gefüllte Vorratsschränke freuen, in denen farbenfrohe Obst- und Gemüsekonserven darauf warten, in der kalten Jahreszeit geleert zu werden. Einwecken ist nicht kompliziert, und der Versuch, seine Ernte aus eigenem Garten auf diese Weise in den Winter zu retten, lohnt sich. Um Bakterien, Pilze und Viren unschädlich zu machen, werden die Gläser samt Inhalt erhitzt – Früchte in Sirup, Gemüse in Salzlake – und luftdicht verschlossen. Sparen Sie nicht an den Gläsern – deren Qualität ist Grundvoraussetzung dafür, dass Ihr Eingewecktes nicht verdirbt.

Eine heiße Salzlake herstellen (siehe Seite 73). Die Einmachgläser so dicht wie möglich mit gehäuteten Tomaten befüllen, mit Salzlake übergießen und den Deckel locker schließen.

Die gefüllten Gläser sterilisieren (siehe Seite 73). Abkühlen lassen und testen, ob der Deckel fest sitzt. Hierzu den Bügel oder die Clips lösen und das Glas am Deckel anheben.

GLÄSER VORBEREITEN

Zum Einwecken benötigen Sie spezielle Ein-
kochgläser mit Bügelverschluss oder Schraubdeckel, die dickwandiger sind als normale
Konfitürengläser. Gläser sorgfältig spülen und
5 Minuten in kochendem Wasser oder im
Backofen sterilisieren (siehe Seite 53).

SIRUP & SALZLAKE VORBEREITEN

Für Obst bereiten Sie einen Sirup aus 400 g
Zucker und 1 l Wasser zu, den Sie auf 60 °C
erhitzen. Die Früchte waschen, entstielen und
je nach Wunsch entkernen bzw. entsteinen.
Bei der Salzlake für das Gemüse kommen 25 g
Salz auf 1 l Wasser. Gemüse vorbereiten.

OBST UND GEMÜSE IM GLAS EINKOCHEN

Befüllen Sie die Gläser mit Obst und geben Sie
den heißen Sirup darüber. Klopfen Sie mit den
Gläsern leicht auf die Arbeitsfläche, damit
eventuelle Luftblasen aufsteigen – denn Luft
lässt den Inhalt schneller verderben – und die
Früchte sich setzen. Gummiringe in kochendes

SICHERHEITSHINWEIS

In Lebensmitteln macht ein saures
Milieu das Botulinum-Bakterium unschädlich, das Eingewecktes verderben
lässt und schwere, bisweilen tödliche
Lebensmittelvergiftungen verursacht.
Darum müssen Sie das Einkochgut
immer über den Wasser-Siedepunkt
hinaus erhitzen. Dazu gibt es spezielle
Einkochtöpfe.

Wasser geben und dann auf den Glasrand auf-
legen. Deckel lose verschließen und die Gläser
in einem großen Topf auf ein Holzgestell oder
ein gefaltetes Geschirrtuch stellen. (Wer viel
einkocht, sollte sich einen speziellen Einkoch-
topf mit Einlegeboden gönnen.) So viel kaltes
Wasser in den Topf geben, dass es bis knapp
unter den die Deckel reicht. Nun erhitzen und
die Temperatur entsprechend den Angaben in
der Übersicht unten regulieren.

HINWEISE ZUM EINKOCHEN

WEICHES OBST
Die Gläser in kaltes Wasser stellen und die Temperatur 1 Stunde lang langsam auf 60 °C
bringen. Dann bei 80 °C weitere 10 Minuten köcheln lassen.

STEINOBST
Die erste Stunde wie oben beschrieben verfahren, dann aber das Wasser auf 85 °C
erhitzen und diese Temperatur 15 Minuten halten.

TOMATEN & GURKEN
Die erste Stunde wie oben beschrieben verfahren, dann aber das Wasser auf 90 °C
erhitzen und diese Temperatur 30–40 Minuten halten.

Im Spätsommer haben Feigen und Chilis Saison, und auf den Märkten gibt es frisches Lammfleisch. In diesem Rezept vereinen sich alle drei zu einem köstlichen Gericht, mit dem man den Sommer würdig verabschieden kann.

FÜR 4 PERSONEN

1 rote Zwiebel, in Stücken
1 Fenchelknolle, in dünnen Scheiben
½ Sellerieknolle, gewürfelt
1 frischer Rosmarinzweig
Olivenöl
800 g Lammkoteletts
Salz und frisch gemahlener schwarzer Pfeffer
25 g Butter
Kartoffelpüree, zum Servieren

HONIGFEIGEN

6 große Feigen
150 g flüssiger Honig

PORTWEINSAUCE

150 ml Portwein
1 frische rote Chili, entkernt und gehackt

LAMM MIT HONIGFEIGEN

Zunächst die Honigfeigen zubereiten. Hierzu die Feigen in einem Einmachglas mit dem Honig übergießen. Sie sind 3–4 Wochen haltbar.

Den Backofen auf 180 °C vorheizen. Zwiebel, Fenchel und Sellerie mit Rosmarin und 1 Spritzer Olivenöl in einen Bräter geben. 30 Minuten im vorgeheizten Ofen rösten, dann 100 g der Feigen hinzufügen und weitere 10 Minuten rösten.

Für die Sauce 100 g der Feigen in kleine Stücke schneiden und mit Portwein und Chili in einen Topf geben. Zum Kochen bringen, die Hitze reduzieren und köcheln lassen, bis die Sauce einzudicken beginnt. Vom Herd nehmen, abseihen, um Feigen- und Chilistücke zu entfernen, und beiseitestellen.

Die Lammkoteletts rundum mit Salz und Pfeffer würzen. Die Butter in einer Pfanne zerlassen und die Koteletts darin 2–3 Minuten auf jeder Seite braten. Aus der Pfanne heben und warm halten.

Ein wenig Honig von den Honigfeigen zum Bratensaft in die Pfanne geben. Gut verrühren, dann die Portweinsauce unterrühren.

Koteletts, Gemüse und Feigen auf einer Servierplatte anrichten, mit Sauce übergießen und mit Kartoffelpüree servieren.

In Amaretto eingelegte Aprikosen naschen wir gern direkt aus dem Glas oder essen sie zu Milchreis. Dieses Rezept geht jedoch noch einen Schritt weiter und verwendet die Aprikosen in einer ganz besonderen Tarte.

FÜR 4 PERSONEN

400 ml Milch

1 Vanillestange

100 g Milchreis

1 EL Crème fraîche, plus etwas mehr

zum Servieren

AMARETTO-APRIKOSEN

10 frische Aprikosen

250 ml Amaretto

TARTEBODEN

125 g weiche Butter

125 g Zucker

250 g Mehl

50 g gemahlene Mandeln

BELAG

50 g Butter, zerlassen

2 EL Zucker

AMARETTO-APRIKOSEN-TARTE

Die Aprikosen halbieren, entsteinen und in ein sterilisiertes Glas (siehe Seite 53) füllen. Die Steine spalten, die Kerne herauslösen, zu den Aprikosen geben und mit Amaretto auffüllen. Mindestens 2 Wochen an einem kühlen Ort durchziehen lassen. Sie sind bis zu 1 Jahr haltbar.

Für den Boden Butter und Zucker in einer Schüssel mit einem Holzlöffel verrühren. Langsam Mehl und Mandeln von Hand untermengen und den Teig zu einer Kugel formen. In Frischhaltefolie einschlagen und in den Kühlschrank stellen, während die Füllung zubereitet wird.

Hierzu die Milch in einem Topf zum Kochen bringen und Vanillestange und Reis hineingeben. Bei sehr geringer Hitze 25 Minuten gar köcheln.

Derweil etwa 175 g der Aprikosen mit 1 Esslöffel Amaretto fein pürieren. Die restlichen Aprikosen in Spalten schneiden und für den Belag beiseitelegen. Wenn der Reis gar ist, die Vanillestange entfernen, dann Crème fraîche und Aprikosenpüree gründlich unterrühren.

Den Backofen auf 200 °C vorheizen. Den Teig aus dem Kühlschrank nehmen und ausrollen. Er sollte eine Tarteform (20 cm Ø) auskleiden können. Den Boden mit einer Gabel einstechen, mit Backpapier belegen und mit Trockenbohnen füllen. 18–20 Minuten im Ofen blindbacken. Papier und Bohnen entfernen und den Boden abkühlen lassen.

Die Reisfüllung hineingeben. Butter und Zucker darüber verteilen, dann mit den verbliebenen Aprikosen dekorieren. 20 Minuten backen. Warm mit etwas Crème fraîche servieren.

METHODE 12

RUMTOPF

Rumtopf mit Vanilleeis ist ein traditionelles Winterdessert, für das die Früchte, wie der Name schon sagt, in Rum konserviert werden. Besonderer Beliebtheit erfreuen sich die hochprozentigen Sommerfrüchte in der Advents- und Weihnachtszeit. Sie schmecken ausgezeichnet mit Sahne oder Eiscreme, und den Likör kann man auch pur genießen, in Cocktails verarbeiten oder mit Sekt mischen. Doch Obacht: Der Alkoholgehalt im Rumtopf lässt einen schwindeln!

RUMTOPF ANSETZEN

Ein traditioneller Rumtopf fasst etwa 50 Portionen. Sie können stattdessen aber auch ein kleineres Tongefäß mit Deckel und etwa 2–3 Litern Inhalt verwenden.

Den Topf spülen und abtrocknen. Angesetzt wird der Rumtopf mit 400 g Obst (alles außer Äpfel) und 200 g Zucker. Früchte und Zucker mit Rum bedecken, den Topf mit Frischhaltefolie abdecken und den Deckel aufsetzen.

RUMTOPF „FÜTTERN"

Füllen Sie den Rumtopf mit den je nach Saison reifen Früchten immer weiter auf. Dazu Topf öffnen, Früchte und Zucker hineingeben und mit Rum bedecken. Wir geben jedes Mal 400 g Obst und halb so viel Zucker zu, bis der Topf voll ist. Den Anfang machen bei uns normalerweise Erdbeeren, gefolgt von Kirschen, Pflaumen, Brombeeren und Himbeeren. Sobald die letzten Früchte in den Topf gewandert sind, den Topf bis Weihnachten verschlossen lassen.

FESTLICHER RUMTOPF

Folgende Zutaten bei jedem Auffüllen hinzufügen:

- 400 g weiche Obstsorten der Saison (wir verwenden kleine Erdbeeren, Pflaumen, Kirschen, Brombeeren und Himbeeren)
- 200 g Zucker für je 400 g Obst
- brauner Rum, 54 %, um das Obst zu bedecken (im Laufe des Jahres wird immer wieder Rum benötigt)

Zum Ansetzen eines Rumtopfs bitte der Anleitung rechts folgen.

EINEN RUMTOPF ANSETZEN

Reife Früchte in den Topf geben. Erdbeeren putzen, Pflaumen halbieren und entsteinen, Kirschen entstielen und so weiter.

Obst und Zucker in den Rumtopf füllen und mit Rum bedecken.

Um die Früchte unter den Rum zu drücken, einen Plastikdeckel oder eine Untertasse auf das Obst legen.

Den Rumtopf mit Frischhaltefolie abdecken und den Deckel aufsetzen. Wenn neue Früchte Saison haben, das Obst hineingeben, Zucker und Rum hinzufügen und wieder abdecken.

RELISHES

Relish und Chutney, könnte man meinen, sind fast dasselbe. Die Zubereitung ist beinahe identisch und ebenso die Konsistenz. Was aber den Unterschied ausmacht, ist der Geschmack. Relishes sind eher süß und fruchtig oder haben eine ausgeprägte Senfnote. Sie sind normalerweise stark gewürzt, häufig recht scharf oder süßsauer. Uns schmecken sie am besten zu Käse oder hausgemachten Burgern.

ZUTATEN VORBEREITEN

Wie meist beim Haltbarmachen müssen Obst und Gemüse zuerst zerkleinert werden, bevor man sie weiterverarbeitet. Für Relishes empfiehlt es sich grundsätzlich, die Zutaten in kleine Würfelchen zu schneiden, die sich beim Kochen gut vermengen. Wenn Sie die gewürfelten Zutaten in eine große Glasschüssel geben, können Sie die Mengenverhältnisse zwischen den einzelnen Bestandteilen und damit auch die Geschmacksrichtung am besten beurteilen und eventuell noch variieren.

RELISH KOCHEN

Lösen Sie zunächst den Zucker im Essig bei mittlerer Hitze in einem Topf mit schwerem Boden. Wenn die Flüssigkeit zu sieden beginnt, Früchte, Gemüse und Gewürze zugeben. Aufkochen, dann 30–45 Minuten köcheln lassen. Wenn der Essig einzukochen beginnt und die Konsistenz Ihnen zusagt, Topf vom Herd nehmen und das Relish sofort in sterilisierte Gläser füllen (siehe Seite 53). Ein Relish kann breiig und fest sein wie eine Konfitüre oder auch flüssig. Je fester das Relish sein soll, desto länger müssen Sie es kochen.

DER LETZTE SCHLIFF

Kurz vor Ende des Kochvorgangs können Sie noch sehr fein zerkleinerte Zutaten unter das Relish geben, zum Beispiel klein gehackte saure Gurken oder Silberzwiebeln. Das verleiht dem Relish Biss und Geschmack.

RELISH AUFBEWAHREN

Die Gläser verschließen. Dunkel und kühl gelagert, halten sich Relishes bis zu 1 Jahr. Nach dem Öffnen im Kühlschrank aufbewahren.

TOMATEN-RELISH

Ergibt 2 kg

250 g brauner Zucker

500 ml Essig

1 kg Tomaten, fein gehackt

150 g Zwiebeln, gehackt

3 rote Chilis, gehackt

2 EL Senfkörner

1 TL Paprikapulver edelsüß

1 TL Ingwerpulver

Salz und frisch gemahlener schwarzer Pfeffer

100 g Gewürzgurken, fein gehackt

100 g eingelegte Zwiebeln, fein gehackt

Zucker und Essig in einem Topf erhitzen, bis der Zucker aufgelöst ist. Zum Köcheln bringen, dann Tomaten, Zwiebeln, Chilis und Gewürze hinzufügen. Bei mittlerer Hitze 30 Minuten köcheln lassen, dann Gurken und Zwiebeln hineingeben. Weitere 5 Minuten köcheln und in sterilisierte Gläser (siehe Seite 53) füllen.

Ergibt 1 kg

125 g Rohrzucker

250 ml Apfelessig

500 g frische Jalapeño-Chilis, entkernt und in 5 mm dünnen Streifen

150 g Zwiebeln, in 5 mm dünnen Streifen

150 g Karotten, in 5 mm dünnen Streifen

1 TL Fenchelsamen

1 TL braune Senfkörner

1 TL gelbe Senfkörner

Zucker und Essig in einem großen schweren Topf sanft erhitzen, bis der Zucker aufgelöst ist. Chilis, Zwiebeln und Karotten in die Essiglösung geben und zum Kochen bringen. Die Gewürze hinzufügen und 30 Minuten köcheln lassen, dann in sterilisierte Gläser (siehe Seite 53) füllen.

Dieses Mais-Relish lässt sich vielseitig kombinieren, wir mögen es aber am liebsten zu Schweinefleisch, Bohnen und einem grünen Salat. Es wird mit der Zeit immer besser, sollte also im Voraus zubereitet werden und anschließend gut durchziehen.

FÜR 4 PERSONEN

400 g Schweineschulter, gewürfelt
4 EL Honig
1 frische rote Chili, entkernt und gehackt
1 TL Paprikapulver edelsüß
1 Prise Cayennepfeffer
2 EL Orangensaft
1 TL Fenchelsamen

MAIS-PAPRIKA-RELISH
1–2 EL Sonnenblumenöl
1 rote Zwiebel, fein gehackt
1 Knoblauchzehe, gehackt
2 große Maiskolben

1 rote Paprika, fein gehackt
1 frische rote Chili, entkernt und gehackt
Saft von 1 Limette
2 Schnapsgläser Tequila
50 ml Weißweinessig
100 g Zucker
1 EL frisch gehackter Koriander

ZUM SERVIEREN
Fladenbrot
mexikanisches schwarzes Bohnenmus (Frijoles refritos)
frische Salatblätter

WÜRZIGE SCHWEINEFLEISCH-SPIESSE MIT MAIS-PAPRIKA-RELISH

Zunächst das Relish zubereiten. Hierzu das Sonnenblumenöl in einem Topf erhitzen und Zwiebel und Knoblauch darin bei geringer Hitze weich dünsten. Die Maiskörner mit einem scharfen Messer von den Kolben schneiden und mit Paprika, Chili und Limettensaft in den Topf geben. Den Tequila zugießen, den Alkohol 2–3 Minuten verkochen lassen, dann Essig und Zucker unterrühren. 10–15 Minuten unter Rühren köcheln lassen. Den Koriander hinzufügen und alles in ein sterilisiertes Glas (siehe Seite 53) füllen. Im Kühlschrank ist das Relish 4–6 Wochen haltbar, geöffnete Gläser sollten innerhalb von 1 Woche aufgebraucht werden.

Das Fleisch in einer Schüssel mit den verbliebenen Zutaten vermengen. Mindestens 1 Stunde im Kühlschrank marinieren. Derweil 8 Holzspieße in kaltem Wasser einweichen.

Das Fleisch aus der Marinade heben, auf die Spieße stecken und entweder auf einem Grill oder in einer Grillpfanne 2–3 Minuten von jeder Seite grillen. Dabei mehrmals mit der Marinade bestreichen.

Mit Fladenbrot, Bohnenmus und einem grünen Salat servieren.

Gurken und Dill sind eine ebenso klassische Kombination wie Tomaten und Basilikum. Dieses köstliche Gurken-Relish schmeckt herrlich zu gebackenem Fisch.

FÜR 4 PERSONEN

100 g Semmelbrösel
1 EL fein gehackter frischer Dill
abgeriebene Schale von 1 Zitrone
1 TL Meersalz
frisch gemahlener schwarzer Pfeffer
2 EL Olivenöl
4 Lachsfilets à 200 g

RELISH
1 Salatgurke
2 EL fein gehackter frischer Dill
1 EL Weißweinessig

2 TL Zucker
1 TL weiße Senfkörner (nach Belieben)
Meersalz

GEMÜSE
100 g Cocktailtomaten
2 rote Paprika, in Streifen
Olivenöl, zum Beträufeln
Salz und frisch gemahlener schwarzer Pfeffer
250 g neue Kartoffeln, halbiert
20 g Butter
4 Frühlingszwiebeln, fein gehackt
250 g grüne Bohnen

GEBACKENER LACHS MIT GURKEN-DILL-RELISH

Für das Relish die Gurke in einen Topf reiben und den Dill unterrühren. Essig, Zucker und nach Belieben Senfkörner unterrühren und bei geringer Hitze 5 Minuten unter Rühren köcheln lassen. Mit 1 Prise Salz abschmecken und abkühlen lassen. Abgefüllt in ein sterilisiertes Glas (siehe Seite 53), ist es im Kühlschrank bis zu 3 Wochen haltbar.

Den Backofen auf 200 °C vorheizen. Die Semmelbrösel mit Dill, Zitronenschale, Salz und Pfeffer mischen. Das Öl unterrühren, die Mischung auf den Fischfilets verteilen und diese auf ein Backblech legen.

Wenn ausreichend Platz ist, Tomaten und Paprika neben dem Fisch platzieren, andernfalls in eine separate Auflaufform geben. Mit Olivenöl beträufeln, mit Salz und Pfeffer würzen und beides 20 Minuten backen.

Unterdessen einen großen Topf mit Wasser zum Kochen bringen und die Kartoffeln darin 15–20 Minuten garen. Abgießen und mit Butter und Frühlingszwiebeln zurück in den Topf geben. Mit einer Gabel grob zerstampfen. In der Zwischenzeit die grünen Bohnen 10 Minuten in kochendem Wasser garen. Abgießen.

Die Lachsfilets mit Röstgemüse, Stampfkartoffeln, grünen Bohnen und Gurken-Relish servieren.

Entenfleisch wird gern mit Orange kombiniert, da die Fruchtsäure einen schönen Kontrast zum fetthaltigen Fleisch bildet. In diesem Rezept wird die Orange noch um Essig und Gewürze ergänzt, was gut zu kaltem Enten- oder Gänsefleisch passt.

ERGIBT 600 G

5 große Orangen

2 EL natives Olivenöl extra

1 große Zwiebel, gehackt

2 aromatische Kochäpfel, geschält, entkernt und gewürfelt (z.B. Boskop, Cox Orange)

Samen aus 8 Kardamomkapseln

1 TL schwarze Senfkörner

½ TL gemahlene Gewürznelken

150 g Rohrzucker

300 ml Apfelessig

WÜRZIGES ORANGEN-RELISH

Die Orangenschale dünn mit einem Sparschäler ablösen. Die Schale in Streifen von etwa 5 mm Breite schneiden. Die Orangen von der weißen Haut befreien und die einzelnen Filets behutsam heraustrennen.

Das Öl in einem Topf erhitzen und die Zwiebel darin weich dünsten. Äpfel, Kardamom und Senfkörner hinzufügen und weitere 5 Minuten dünsten.

Die Orangenfilets samt Schale mit den verbliebenen Zutaten in den Topf geben und 40 Minuten köcheln lassen. In sterilisierte Gläser (siehe Seite 53) füllen und abkühlen lassen. Im Kühlschrank ist das Relish bis zu 6 Monate haltbar.

Mit kaltem Enten- oder Gänsefleisch in einem Salat oder einem Sandwich servieren.

Die Orangen vollständig von Schale und Haut befreien und filetieren

Das müssen Sie probieren!

METHODE 14

CHUTNEY

Chutneys kann man aus fast allen Obst- oder Gemüsesorten kochen. Wir haben es unter anderem schon mit
verschiedenen Kürbissorten, Stangenbohnen, Radieschen,
Rhabarber, roten und grünen Tomaten, Trauben, Chilis,
Auberginen, Birnen und Rüben probiert. Ein Chutney
muss so lange kochen, bis fast alle Flüssigkeit verdampft
ist und eine dicke Masse entsteht. Dabei werden die
unterschiedlichen Geschmackskomponenten immer
intensiver. Eine besondere Note erhält ein Chutney
durch die Kombination unterschiedlicher Geschmacksrichtungen – mischen Sie also ruhig Obst und Gemüse.

AUSWAHL DER
GESCHMACKSKOMPONENTEN

Zu typischen Chutneygewürzen gehören
unter anderem Kreuzkümmel, Koriander,
Piment, Gewürznelken, Ingwer, Pfefferkörner,
Paprika, Senfkörner und Knoblauch. Zerstoßen
Sie die Gewürze Ihrer Wahl im Mörser, damit
sie ihr Aroma voll entfalten können.

Die Säure im Essig sorgt dafür, dass im Chutney keine unliebsamen Mikroorganismen
aktiv werden. Das wirksamste, aber auch
teuerste Konservierungsmittel ist destillierter
Essig. Je hochwertiger der verwendete Essig,
desto besser schmeckt das Chutney. Wir
benutzen für unsere Chutneys die verschiedensten Essigsorten, zum Beispiel Apfelessig
sowie Weiß- und Rotweinessig.

AUFBEWAHRUNG

Die meisten Chutneys werden mit der Zeit
immer besser, und bei der richtigen Lagerung
halten sie sich Jahre. Einmal geöffnete Gläser
bewahrt man am besten im Kühlschrank auf.

OPAS CHUTNEY

Für etwa 12 kleine Gläser

2,5 kg grüne Tomaten, in Scheiben

500 g Zwiebeln, fein gehackt

1 EL Salz

500 g Kochäpfel, geschält, entkernt und
in Scheiben (z. B. Boskop, Cox Orange)

500 g Sultaninen, gehackt

1 l neutraler Essig

500 g heller Muskovado-Zucker

5 kleine scharfe Chilis, fein gehackt

2 EL Ingwerpulver

Tomaten und Zwiebeln mit Salz bestreuen
und einige Stunden ziehen lassen. Die Flüssigkeit abgießen und das Gemüse mit Äpfeln
und Sultaninen in einem Topf erhitzen, bis
die Äpfel weich sind. Essig, Zucker, Chilis
und Ingwerpulver hinzufügen und mindestens 45 Minuten köcheln. In sterile Gläser
(siehe Seite 53) füllen und verschließen.

EIN CHUTNEY ZUBEREITEN

Zunächst das verwendete Obst oder Gemüse schälen, entkernen und zerkleinern. Dann die Gewürz- oder Kräutermischung zubereiten.

Obst, Gemüse, Kräuter und Gewürze in einem Topf dünsten, bis sie weich zu werden beginnen.

Den Essig zugießen und bei geringer Hitze mindestens 45 Minuten köcheln lassen. Das Chutney ist fertig, wenn es eine marmeladenartige Konsistenz erreicht hat und die Küche mit einem wundervollen Duft erfüllt ist.

Das Chutney vom Herd nehmen und in sterilisierte Gläser (siehe Seite 53) füllen. Die Deckel fest schließen und die Gläser an einem dunklen, kühlen Ort aufbewahren.

In England ist die Kombination von Chutney und Käse sehr populär. Wer scharfes Chutney mag, wird von dieser feurigen Sauce begeistert sein.

FÜR 4 PERSONEN

1 kleines Baguette
1 Knoblauchzehe, zerdrückt
2–3 EL Olivenöl
300 g streichbarer Ziegenkäse
200 g gemischte bittere Salatblätter
1 Karotte, gerieben

DRESSING
1 TL Zitronensaft
1 EL Olivenöl
1 TL frisch gehackte Ingwerwurzel
1 frische rote Chili, entkernt und gehackt
1 TL Sesamsaat

CHUTNEY
3 frische rote Chilis, gehackt
2 große Kochäpfel, geschält, entkernt und gehackt (z. B. Boskop, Cox Orange)
450 g Tomaten, gehackt
2 rote Zwiebeln, fein gehackt
200 g Zucker
250 ml Apfelessig
100 g Rosinen, gehackt
1 Prise Cayennepfeffer
1 Prise gemahlener Piment
1 TL frisch gehackte Ingwerwurzel
Salz und frisch gemahlener schwarzer Pfeffer

ZIEGENKÄSE-CROSTINI MIT „MANCHE MÖGEN'S HEISS"-CHUTNEY

Für das Chutney alle Zutaten in einem großen Topf zum Kochen bringen, dann bei reduzierter Hitze 45 Minuten köcheln lassen. Wenn ein köstlicher Duft die Küche erfüllt, die Äpfel weich sind und der Essig verkocht ist, das Chutney in sterilisierte Gläser füllen (siehe Seite 53). An einem dunklen, kühlen Ort ist es 6–12 Monate haltbar. Vor dem Verzehr mindestens 1 Monat durchziehen lassen.

Das Baguette in Scheiben schneiden und goldgelb rösten. Einseitig mit etwas zerdrücktem Knoblauch und Olivenöl einreiben und mit dem Ziegenkäse bestreichen.

Die bitteren Salatblätter mit der geriebenen Karotte in einer Schüssel mischen. Für das Dressing alle Zutaten in einer kleinen Schüssel mit einer Gabel verquirlen. Das Dressing über den Salat träufeln und mit Crostini sowie 1 Löffel Chutney servieren.

Gelee kann man nie genug haben.

METHODE 15

KONFITÜREN & GELEES

Konfitüre und Gelee sind nahe Verwandte: Für beide erhitzt man Obst mit Zucker, um das in vielen Obst- und Gemüsesorten enthaltene Pektin (ein natürliches Geliermittel) zu aktivieren und sie dann in geeigneten Gläsern aufzubewahren. Bei pektinarmen Früchten muss eventuell noch eine Gelierhilfe wie Pektin oder Zitronensäure zugefügt werden. Konfitüre enthält im Gegensatz zu Gelee Fruchtstücke.

HINWEISE

- Verarbeiten Sie nur makellose Früchte, ansonsten schmeckt die Konfitüre nicht und wird schneller schlecht.
- Mischen Sie pektinarme Früchte entweder mit Obst, das einen hohen Pektingehalt hat, oder geben Sie eine Gelierhilfe zu.
- Der Zucker muss vollständig aufgelöst sein, bevor man die Fruchtmasse zum Kochen bringt, sonst „knirscht es" in der Konfitüre.
- Ihre Arbeitsgeräte müssen sauber sein (Mousselintuch, Baumwollfilter oder Geschirrtuch für die Geleezubereitung kochen).
- Verwenden Sie einen säurebeständigen Topf, am besten aus Edelstahl, und Plastik- oder Holzkochlöffel.
- Kochen Sie nicht zu große Mengen auf einmal: Bis die Masse erhitzt ist, sind die Früchte häufig schon verkocht.
- Schäumen Sie die Masse ab, wenn sie den Gelierpunkt erreicht hat.
- Lassen Sie die fertige Konfitüre oder das Gelee vor dem Abfüllen noch 15 Minuten im Topf ruhen, damit sich die Fruchtstücke besser verteilen.

PEKTINWERTE

	PEKTINGEHALT
ZITRUSSCHALEN	30 %
ORANGEN	0,5–3,5 %
ÄPFEL	1–1,5 %
KAROTTEN	1,4 %
APRIKOSEN	1 %
KIRSCHEN	0,4 %

- Lagern Sie die noch ungeöffneten Konfitüren und Gelees kühl und vorzugsweise dunkel. Nur geöffnete Gläser im Kühlschrank aufbewahren.

DIE AUSWAHL DER FRÜCHTE

Nicht alle Früchte enthalten ausreichend Pektin, um daraus Konfitüre oder Gelee zu kochen. Weiches Obst wie Kirschen, Trauben oder Erdbeeren ist sehr pektinarm. Um diese zu Konfitüre zu verarbeiten, muss man Pektin oder bereits mit Pektin angereicherten Gelierzucker verwenden. Äpfel, Quitten, Pflaumen, Stachelbeeren, Brombeeren, Johannisbeeren und Zitrusfrüchte enthalten viel Pektin.

KONFITÜRE KOCHEN

Für Konfitüre bringt man zerkleinerte oder zerstampfte Früchte mit Wasser und Zucker zum Kochen. Eine gute Konfitüre lässt sich leicht verstreichen. Es darf sich keine Flüssigkeit absetzen.

GELEE KOCHEN

Gelees sind klar und süß, herzhaft oder scharf. Die Zubereitung entspricht der von Konfitüre, allerdings werden die Früchte entsaftet. Ein gutes Gelee hat eine gallertartige Konsistenz und lässt sich mit dem Messer schneiden.

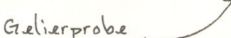

Gelierprobe

DIE GELIERPROBE

Stellen Sie eine Untertasse 15 Minuten in den Kühl- oder Gefrierschrank. Geben Sie einen Löffel Gelee auf die gekühlte Untertasse und stellen diese weitere 5 Minuten in den Kühlschrank. Drücken Sie dann mit dem Zeigefinger gegen die Masse. Bilden sich Falten, ist das Gelee fertig. Andernfalls das Gelee weiterkochen und die Gelierprobe nach einigen Minuten wiederholen. Kocht man zu lange, um eine feste Konsistenz zu erreichen, kann der Geschmack darunter leiden.

AUFBEWAHRUNG

Konfitüren und Gelees werden in sterilisierte Gläser (siehe Seite 53) abgefüllt und vor dem Lagern luftdicht verschlossen. Gläser mit Vakuum-Schraubdeckel (deren Wölbung nach innen gezogen wird, wenn die Luft im Glas abkühlt und sich zusammenzieht) zeigen deutlich an, ob das Vakuum die Lagerung überstanden hat. Ist die Konfitüre oder das Gelee gegoren oder verschimmelt, waren die Gläser nicht luftdicht verschlossen.

ERDBEERKONFITÜRE ZUBEREITEN

Ergibt 3,25 kg

2 kg Erdbeeren

2 kg Gelierzucker

Saft von 3 Zitronen

Für die Zubereitung von Erdbeerkonfitüre der Schritt-für-Schritt-Anleitung auf diesen Seiten folgen.

1

Die Erdbeeren putzen und in eine Edelstahl-, Keramik- oder Glasschüssel geben. Mit Zucker und Zitronensaft bedecken und über Nacht in den Kühlschrank stellen.

3

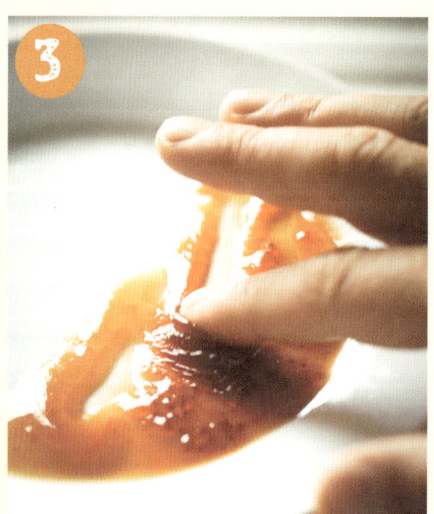

Vom Herd nehmen und die Gelierprobe machen (siehe Seite 93). Geliert die Konfitüre nicht, weitere 2 Minuten kochen und nochmals testen.

4

Sobald die Konfitüre geliert, diese 5 Minuten abkühlen lassen, dann den Schaum abschöpfen.

Eine Untertasse in den Kühlschrank stellen. Die Erdbeermischung in einen großen Topf füllen und sanft erhitzen, bis der Zucker aufgelöst ist. Zum Kochen bringen und 5 Minuten sprudelnd kochen lassen.

Die Konfitüre nach weiteren 10 Minuten in sterilisierte Gläser (siehe Seite 53) füllen.

STACHELBEERKONFITÜRE

Ergibt 5,5 kg

2,5 kg Stachelbeeren

1 l Wasser

3 kg Gelierzucker

Stachelbeeren und Wasser in einem großen schweren Topf sanft erhitzen, bis die Beeren weich sind. Den Zucker hinzufügen und rühren, bis er aufgelöst ist. Zum Kochen bringen und etwa 20 Minuten sprudelnd kochen. Dann die Gelierprobe machen (siehe Seite 93). Den Schaum abschöpfen und die Konfitüre in sterilisierte Gläser füllen (siehe Seite 53).

APRIKOSENKONFITÜRE

Ergibt 5,5 kg

2,5 kg Aprikosen

500 ml Wasser

3 kg Gelierzucker

Die Aprikosen halbieren und entsteinen. Die Steine in ein Mulltuch wickeln und dieses zu einem Beutel zusammenbinden.

Aprikosen und Wasser in einem großen schweren Topf sanft erhitzen, bis die Früchte weich sind. Den Zucker hinzufügen und rühren, bis er aufgelöst ist. Die Aprikosensteine im Beutel hineingeben, alles zum Kochen bringen und etwa 25 Minuten sprudelnd kochen lassen. Dann die Gelierprobe machen (siehe Seite 93). Die fertige Konfitüre in sterilisierte Gläser (siehe Seite 53) füllen.

ROSENBLÜTENGELEE ZUBEREITEN

Ergibt 3,75 kg

2 kg aromatische Kochäpfel (z. B. Boskop, Cox Orange)

ca. 3 kg Zucker

4 Tropfen Rosenessenz

1 EL getrocknete essbare Rosenblüten

Für die Zubereitung von Rosenblütengelee der Schritt-für-Schritt-Anleitung auf diesen Seiten folgen.

Eine Untertasse in den Kühlschrank stellen. Die Äpfel zerkleinern, in einen großen Topf füllen und knapp mit Wasser bedecken. Zum Kochen bringen und 20 Minuten köcheln.

Pro 500 ml Apfelsaft 1 kg Zucker hinzufügen. Langsam unter Rühren zum Kochen bringen, bis der Zucker aufgelöst ist. Die Mischung 5 Minuten kochen, dann 3–4 Minuten abkühlen lassen.

Den Schaum abschöpfen. Weitere 5 Minuten kochen, 3–4 Minuten abkühlen lassen und erneut abschäumen. Die Gelierprobe (siehe Seite 93) machen. Weitere 5 Minuten kochen, falls es noch nicht ausreichend geliert.

2

Den Saft durch ein Mousselintuch abseihen. Das Tuch dabei nicht drücken, sonst wird das Gelee trübe. Die Flüssigkeit abmessen und in einen großen, schweren Topf füllen.

5

Rosenessenz und -blüten unterrühren. Abkühlen lassen, dann in kleinen Portionen in sterilisierte Gläser (siehe Seite 53) füllen. Die Gläser beim Abkühlen mehrfach umdrehen, damit sich die Blüten gleichmäßig verteilen.

JOHANNISBEERGELEE

Ergibt 2,75 kg

3 kg Rote Johannisbeeren

500 g Gelierzucker pro 500 ml Saft

Eine Untertasse in den Kühlschrank stellen. Die Johannisbeeren in ein offenes Glas füllen und in einen Topf mit kaltem Wasser stellen. Bei geringer Hitze zum Köcheln bringen und etwa 1 Stunde köcheln lassen. Dabei die Beeren ab und zu zerdrücken.

Den Saft durch ein Mousselintuch oder einen Baumwollfilter über Nacht in eine Schüssel abtropfen lassen. Die Flüssigkeit abmessen und in einen großen, schweren Topf füllen. Pro 500 ml Saft 500 g Gelierzucker hinzufügen.

Zum Kochen bringen und 5 Minuten kochen, dann die Gelierprobe (siehe Seite 93) machen. Das fertige Gelee vollständig abschäumen und in sterilisierte Gläser (siehe Seite 53) füllen.

Der englische Cream Tea ist eine in Deutschland weithin unbekannte Köstlichkeit. Es handelt sich dabei um frisch gebackene Scones, die mit Erdbeerkonfitüre und Clotted Cream (Streichsahne) gereicht werden. Dazu genießt man eine Tasse Tee.

ERGIBT 10–12 STÜCK

450 g Mehl, plus etwas mehr zum Bestäuben
4½ TL Backpulver
¼ TL Salz
100 g Butter, in kleinen Stücken, plus etwas mehr zum Einfetten
75 g Zucker
250 ml Buttermilch
10 Tropfen Vanillearoma

1 Ei, verquirlt
2 EL Milch

ZUM SERVIEREN
geschlagene Sahne oder Clotted Cream
Erdbeerkonfitüre

ENGLISCHER CREAM TEA

Den Backofen auf 220 °C vorheizen. Ein Backblech einfetten und bemehlen oder mit Backpapier auslegen.

Mehl, Backpulver, Salz, Butter und Zucker in eine große Schüssel geben und mit den Fingern verarbeiten, bis ein krümeliger Teig entsteht. Buttermilch, Vanillearoma und den Großteil des Eis in einer kleinen Schüssel verquirlen. Nach und nach die Buttermilchmischung in die große Schüssel geben und von Hand einarbeiten. Nur kurz vermengen, damit die Scones schön locker werden.

Den Teig auf einer bemehlten Arbeitsfläche etwa 4 cm dick ausrollen. Mit einem runden Ausstecher (6 cm Ø) Kreise ausstechen und auf dem vorbereiteten Backblech verteilen. Die Milch mit dem verbliebenen Ei verquirlen und auf die Scones streichen.

15 Minuten im vorgeheizten Ofen backen, bis die Scones aufgegangen und goldbraun sind. Etwa 10 Minuten auf einem Kuchengitter abkühlen lassen. Halbieren, mit reichlich Sahne und Konfitüre bestreichen und mit einer Tasse Tee genießen.

Aprikosenkonfitüre veredelt eine Obsttarte auf vielerlei Art. Sie dient als Glasur, hält die Füllung saftig, verleiht eine leichte Aprikosennote und verhindert ein Austrocknen oder Durchweichen der Tarte.

FÜR 4 PERSONEN

TEIG

50 g Zucker

100 g Butter, plus etwas mehr zum Einfetten

1 Ei, verquirlt

200 g Mehl

1 Prise Salz

APRIKOSENGLASUR

100 g Aprikosenkonfitüre

1 EL Wasser

1 EL Grand Marnier

ENGLISCHE CREME

50 g Zucker

3 große Eigelb

20 g Mehl

20 g Speisestärke

300 ml Milch

5 Tropfen Vanillearoma

OBSTBELAG

100 g Brombeeren

100 g Himbeeren

100 g Erdbeeren, in Scheiben

1 Kiwi, in Scheiben

TUTTIFRUTTI-TARTE

Für den Teig Zucker und Butter cremig rühren und Ei, Mehl und Salz unterarbeiten. Zu einer Kugel formen, in Frischhaltefolie einwickeln und 30 Minuten in den Kühlschrank stellen.

Derweil die Aprikosenglasur zubereiten. Aprikosenkonfitüre, Wasser und Grand Marnier in einem Topf erhitzen und durch ein feines Sieb streichen. Abkühlen lassen und die Englische Creme zubereiten.

Zucker und Eigelb in einer Schüssel verrühren, Mehl und Speisestärke hineinsieben. Zu einer glatten Paste verrühren. Milch und Vanillearoma bis kurz vor dem Siedepunkt erhitzen, vom Herd nehmen und unter langsamem Rühren in die Mehlmischung einarbeiten. Zurück in den Topf gießen und einige Minuten unter Rühren erhitzen, bis die Creme kocht und andickt. Vom Herd nehmen, abdecken und abkühlen lassen.

Den Backofen auf 180 °C vorheizen und eine Tarteform (20 cm Ø) einfetten. Den Teig aus dem Kühlschrank nehmen und ausrollen. Den Teig in die Form legen, mehrfach mit einer Gabel einstechen, mit Backpapier belegen und mit Backbohnen füllen. 12–15 Minuten blindbacken, dann Backbohnen und -papier entfernen. Abkühlen lassen.

Den Boden mit etwas Glasur bestreichen und trocknen lassen. Die abgekühlte Creme einfüllen. Das Obst ringförmig, überlappend daraufschichten. Restliche Glasur erhitzen und das Obst damit bestreichen.

Hier ein ausgezeichnetes Rezept für Wild, bei dem zartes Wildfleisch wie Taube, Fasan oder Kaninchen, das schnell trocken wird, zusammen mit Wurstbrät in Schinkenstreifen eingewickelt wird. So bleibt das Fleisch schön saftig.

FÜR 4 PERSONEN

8 Scheiben luftgetrockneter Schinken

500 g Wurstbrät aus Wildfleisch

ca. 500 g zartes Wildfleisch (z. B. 2 Tauben-
brüste, 1 Fasanbrust, 2 Kaninchenfilets)

8 EL Johannisbeergelee (siehe Seite 97)

½ Schalotte, fein gewürfelt

250 ml Portwein

50 g Butter

WILDROULADEN MIT JOHANNISBEERSAUCE

Den Backofen auf 180 °C vorheizen.

2 Schinkenscheiben leicht überlappend auf eine Arbeitsfläche legen und zu einem Rechteck schneiden. Ebenso mit dem restlichen Schinken verfahren. Das Wurstbrät vierteln, flach drücken und je eine Portion auf ein Schinkenrechteck legen. Das Wildfleisch in 5 mm dicke Streifen schneiden und mittig quer über das Wurstbrät legen.

Über dem Fleisch jeweils 1 Esslöffel Johannisbeergelee ver-
teilen und jede Roulade so aufrollen, dass das Fleisch von Gelee und Wurstbrät umgeben und von Schinken umhüllt ist. Mit kleinen Holzspießen fixieren, auf ein Backblech setzen und 20 Minuten Ofen backen. Dann 5 Minuten ruhen lassen.

Inzwischen die Sauce herstellen. Die Schalotte mit dem Portwein zu einer Sauce reduzieren. Das restliche Johannisbeergelee unterrühren und vom Herd nehmen, sobald die Sauce heiß ist. Dann die Butter einrühren.

Die Rouladen in Scheiben schneiden und mit der Sauce servieren. Dazu passt Wurzelgemüse und Kartoffelpüree.

Das Gelee großzügig auftragen.

Ein herzhaftes Gelee verleiht einem Gericht nicht nur Aroma, es bildet auch einen schönen Kontrast zu den weiteren Zutaten. Dieses Rezept erhebt das Gelee, das sonst nur eine aromatische Randerscheinung ist, zum Star des Gerichts.

FÜR 4 PERSONEN

20 g Butter
350 g Austernpilze, in Scheiben
1 frischer Rosmarinzweig
2 Knoblauchzehen, gehackt
1 TL Zitronensaft
100 ml Sherry
100 ml Hühnerbrühe
Salz und frisch gemahlener schwarzer Pfeffer
2 Kugeln Mozzarella

ROSMARINGELEE

2 große frische Rosmarinzweige
250 g Kochäpfel, gehackt (z. B. Boskop, Cox Orange)
100 ml Wasser
1 Knoblauchzehe (nach Belieben)
100 ml Weißweinessig
2 EL Zucker
2 EL frisch gehackter Rosmarin

AUSTERNPILZE MIT MOZZARELLA & ROSMARINGELEE

Für das Gelee Rosmarinzweige, Äpfel und Wasser in einem Topf bei geringer Hitze 30 Minuten köcheln lassen. Nach Belieben die Knoblauchzehe hinzufügen. Den Essig eingießen und 5 Minuten sprudelnd kochen, die Mischung dann durch einen Baumwollfilter einige Stunden oder über Nacht in eine Schüssel abtropfen lassen.

Eine Untertasse in den Kühlschrank stellen. Die abgetropfte Flüssigkeit mit Zucker und Rosmarin in einen Topf füllen. Bei hoher Hitze 5 Minuten erwärmen, bis die Flüssigkeit geliert (siehe Seite 93). Abschäumen und in sterilisierte Gläser füllen. 10 Minuten in den Kühlschrank stellen. Herausnehmen, bevor das Gelee vollständig geliert. Abdecken und 1 weitere Stunde im Kühlschrank ganz fest werden lassen.

Die Butter in einem Topf zerlassen und Pilze, Rosmarin, Knoblauch und Zitronensaft 5 Minuten darin dünsten. Mit dem Sherry ablöschen und kochen lassen, bis der Alkohol verdampft ist. Die Pilze aus dem Topf heben und auf 4 Teller verteilen.

Die Hühnerbrühe unter den Pilzsud rühren und ein paar Minuten bei hoher Hitze einkochen lassen. Mit Salz und Pfeffer würzen, die Sauce abseihen und um die Pilze herum gießen.

Je einen halben Mozzarella auf jeden Teller geben und mit 1 Esslöffel Gelee krönen.

In ein klassisches englisches Trifle gehören Löffelbiskuits, Sherry, Obst, Gelee, Englische Creme und Sahne. Diese Version wartet allerdings mit einem ganz besonderen Erdbeergelee auf, das mit Champagner aromatisiert wurde.

FÜR 8–10 PERSONEN

250 g Löffelbiskuits
125 g Amaretti
150 ml Sherry
450 g frische Erdbeeren
75 g Mandelblättchen, geröstet
500 ml Englische Creme (siehe Seite 100)

ERDBEER-CHAMPAGNER-GELEE

1 kg Erdbeeren, geputzt und geviertelt
250 ml Champagner
1 kg Gelierzucker oder 1 kg Zucker plus
1 EL Pektin

SAHNEHAUBE

450 g Schlagsahne
50 g Feinstzucker
125 ml Champagner

ERDBEER-CHAMPAGNER-TRIFLE

Zunächst das Gelee zubereiten. Eine Untertasse in den Kühlschrank stellen. Erdbeeren und Champagner in einem Topf köcheln lassen, bis die Früchte weich sind und die Gesamtmenge um ein Drittel reduziert ist. Den Zucker unterrühren, bis er aufgelöst ist. Dann 20 Minuten köcheln lassen, bis die Flüssigkeit geliert (siehe Seite 93). Bei Bedarf etwas länger köcheln lassen. Das fertige Gelee durch einen Baumwollfilter abseihen und in sterilisierte Gläser (siehe Seite 53) füllen. Im Kühlschrank ist es bis zu 3 Monate haltbar.

Eine Glasschüssel mit Löffelbiskuits und Amaretti auslegen und diese mit dem Sherry beträufeln. 150–250 g des Gelees in einem kleinen Topf erhitzen, bis es flüssig ist. Dann über Löffelbiskuits und Amaretti gießen. Erdbeeren und Mandeln (1 Esslöffel davon zum Dekorieren beiseitelegen) auf das Gelee geben. Mit kalter Englischer Creme bedecken.

Für die Sahnehaube Sahne und Zucker steif schlagen, dann behutsam den Champagner unterrühren. Auf der Creme verteilen und mit den verbliebenen Mandelblättchen bestreuen.

Das Gelee über Löffelbiskuits und Amaretti träufeln

Ein Gelee aus dem fast in Vergessenheit geratenen Holzapfel ist eine wahre Köstlichkeit und sozusagen eines der bestgehüteten Geheimnisse der Einmachwelt. Wir reichen es gern anstelle von Johannisbeergelee zu Wildgerichten.

FÜR 2–4 PERSONEN

1 TL frisch gehackter Thymian
1 TL frisch gehackte Petersilie
250 g Wurstbrät
abgeriebene Schale von 1 Zitrone
75 g Aprikosen, entsteint und vorgekocht,
gehackt
150 g Esskastanien, geschält und gehackt
1 Fasanenhahn, entbeint
75 g weiche Butter
4 Streifen Frühstücksspeck

1 EL Mehl
150 ml Hühnerbrühe
Salz und frisch gemahlener schwarzer Pfeffer

HOLZAPFELGELEE
2 kg Holzäpfel
500 g Zucker
Saft von 1 Zitrone

ZUM SERVIEREN
Erbsen
Röstgemüse

GEFÜLLTER FASAN MIT HOLZAPFELGELEE

Zunächst das Gelee zubereiten. Eine Untertasse in den Kühlschrank stellen. Die Äpfel in einem Topf mit kaltem Wasser bedecken. Zum Kochen bringen und 30 Minuten köcheln lassen, bis das Obst weich zu werden beginnt. Durch einen Baumwollfilter ein paar Stunden oder über Nacht in eine Schüssel abseihen. Die abgetropfte Flüssigkeit mit Zucker und Zitronensaft in einem Topf bei mittlerer Hitze erwärmen. Zum Kochen bringen, dann 45 Minuten köcheln lassen. Die Gelierprobe machen (siehe Seite 93), dann vollständig abschäumen. Das Gelee in sterilisierte Gläser (siehe Seite 53) füllen, verschließen und in den Kühlschrank stellen. Es ist 2–3 Monate haltbar.

Den Backofen auf 200 °C vorheizen. Kräuter, Wurstbrät, Zitronenschale, Aprikosen und Maronen in einer Schüssel mischen. Den Fasan mit dieser Mischung füllen und auf den Rost in einer Fettpfanne setzen. Den Fasan mit der Butter bestreichen und die Brust mit den Speckscheiben bedecken. Im Ofen 45 Minuten rösten, dann auf einer Servierplatte warm halten.

Das Mehl in den Bratensaft rühren. Dann Brühe und 2 Esslöffel des Holzapfelgelees untermengen. 2–3 Minuten unter ständigem Rühren bei hoher Hitze erwärmen. Die Sauce mit Salz und Pfeffer würzen.

Den Fasan mit Erbsen, Röstgemüse und Sauce servieren.

METHODE 16

ORANGEN-MARMELADE

Traditionell wird Orangenmarmelade aus Bitterorangen hergestellt, die in Kombination mit Zucker ein besonders intensives Orangenaroma entwickeln. Die Bitterorangensaison ist allerdings kurz. Am besten kocht man also den ganzen Vorrat für ein Jahr auf einmal oder friert die Früchte ein, um je nach Bedarf Nachschub zu haben. Natürlich kann man auch aus anderen handelsüblichen Zitrusfrüchten Marmeladenspezialitäten herstellen. Deren Schale braucht aber deutlich länger, bis sie weich ist, bis zu 90 Minuten.

ORANGENMARMELADE HERSTELLEN

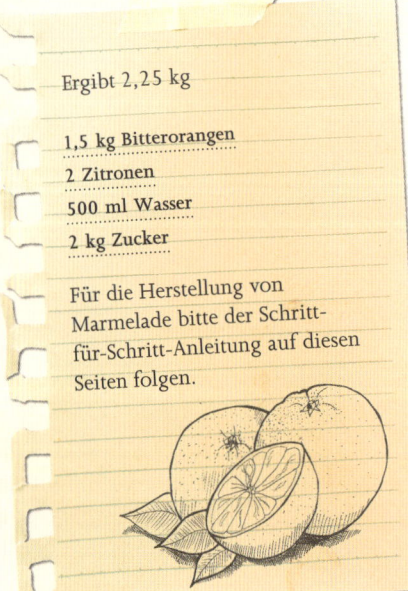

Ergibt 2,25 kg

1,5 kg Bitterorangen

2 Zitronen

500 ml Wasser

2 kg Zucker

Für die Herstellung von Marmelade bitte der Schritt-für-Schritt-Anleitung auf diesen Seiten folgen.

Die Orangen gründlich waschen, mit einem Sparschäler oder scharfen Messer schälen und die Schale in feine Streifen schneiden. Ein Sieb über eine große Schüssel setzen. Die Orangen und 1 Zitrone über dem Sieb auspressen.

Die weiße Haut, das Fruchtfleisch aus dem Sieb sowie Schale und Haut der beiden Zitronen auf ein rechteckiges Mulltuch geben und zu einem Bündel verschnüren. Eine Untertasse zum Kühlen in den Kühlschrank stellen.

Orangenschale, Saft und Wasser in einen Edelstahltopf füllen und den Mullbeutel hineinhängen. Aufkochen, dann 30 Minuten ohne Deckel köcheln, bis die Schalen weich sind. Beutel herausnehmen und abkühlen lassen.

So viel Flüssigkeit wie möglich aus dem Beutel direkt in den Topf pressen. Den Zucker hinzufügen und unter Rühren auflösen. Nun abschmecken und bei Bedarf mehr Zucker hinzugeben.

Die Marmelade bei mittlerer Hitze 15 Minuten sprudelnd kochen und den Schaum abschöpfen. Die Gelierprobe machen (siehe Seite 93). Die fertige Marmelade in sterilisierte Gläser füllen, verschließen und dunkel lagern.

Orangenmarmelade schmeckt nicht nur als Brotaufstrich gut. In diesem Rezept bildet die bittere Orangenschale einen schönen Kontrast zum buttrigen Brot-kuchen. Andere Zitrusmarmeladen sind übrigens ebenso geeignet. Der Kuchen lässt sich allein oder mit einem Löffel Sahne servieren.

FÜR 6 PERSONEN

8 Scheiben eines Brioche-Laibs oder Hefezopfs, entrindet

50 g weiche Butter

8 EL Orangenmarmelade

3 Eier

4 EL Zucker

5 Tropfen Vanillearoma

500 g Sahne

2 EL Whisky

ORANGEN-BROTKUCHEN

Den Backofen auf 160 °C vorheizen.

Die Brioche-Scheiben buttern und zu 4 Sandwiches mit je mindestens 1 Esslöffel Marmelade als Füllung zusammensetzen. Die Sandwiches in Dreiecke schneiden, außen mit Butter bestreichen und nebeneinander in eine ausreichend große Auflaufform legen.

Die Eier in einer Schüssel verquirlen, dann Zucker, Vanillearoma, Sahne und Whisky hinzufügen. Gut einrühren und über die Brioche-Sandwiches gießen. Mindestens 20 Minuten durchziehen lassen, dann die verbliebene Marmelade in kleinen Klecksen auf dem Brotpudding verteilen.

45 Minuten im vorgeheizten Ofen goldgelb backen. Vor dem Servieren 5 Minuten abkühlen lassen.

KANDIERTE ZITRUSSCHALEN

Lust auf was Süßes?

Diese Süßigkeit schmeckt fantastisch und ist auch ein echter Augenschmaus. Kandierte Zitrusschalen sind farbenfroh, süß und eine prima Kuchendekoration. Bei der Herstellung dürfen Sie nur ungewachste Früchte verarbeiten. Hier haben wir Grapefruit-, Orangen-, Zitronen- und Limettenschalen kandiert, doch Obst wie Kirschen oder Ananas eignen sich auch. Dazu kocht man sie ebenfalls zweimal in Sirup und lässt sie vollständig trocknen. Probieren Sie's aus!

KANDIERTE ZITRUSSCHALE HERSTELLEN

Zunächst die Schale der gewählten Zitrusfrucht ablösen. Hierzu die Schale mit einem sehr scharfen Messer rundum einschneiden und dann vorsichtig ablösen.

Die Schale in einem Topf mit Wasser bedecken und 1 Stunde sanft köcheln lassen. In der Zwischenzeit das Wasser mehrere Male wechseln, um sämtlichen Schaum zu entfernen.

3

Abgießen und mit einem Teelöffel die innere weiße Haut von der Schale abkratzen. Die Schale entweder in Streifen schneiden oder unzerkleinert lassen.

4

Die Schale wiegen, zurück in den Topf geben und mit derselben Menge an Zucker bedecken. Nur so viel Wasser angießen, um den Zucker auflösen zu können, und bei geringer Hitze 45 Minuten köcheln lassen. Wiederholen.

5

Die Schale auf einem Backblech verteilen und abkühlen lassen. Alternativ die Schale 1 Stunde im auf 80 °C vorgeheizten Backofen trocknen. Die kandierte Schale in Feinstzucker wenden und in einem sterilisierten Glas aufbewahren.

ZITRUSSCHALE MIT SCHOKO-DIP

1 pinkfarbene Grapefruit

2 Orangen

2 Limetten

1 Zitrone

Der Schritt-für-Schritt-Anleitung auf diesen Seiten folgen. Wenn die kandierte Schale fertig ist, ein wenig Schokolade in einer Schüssel über köchelndem Wasser schmelzen und die Schalenstücke eintunken. Auf einem Backblech oder einem Stück Backpapier fest werden lassen.

METHODE 18

FRUCHT-CURDS

Ein klassischer britischer Curd ist ein cremiger Frucht-
aufstrich aus Zitronensaft und -schale (man kann
allerdings auch andere Früchte verwenden) sowie
Eigelb, Zucker und manchmal auch Butter. Kalt ist
er eine aromatische Alternative zur Marmelade und
schmeckt auf englischen Scones ebenso gut wie auf
frischem Brot. Außerdem kann man hausgemachten
Curd zum Füllen von Kuchen und Torten, etwa einer
Zitronen-Baiser-Tarte, verwenden.

VORBEREITUNG DER FRÜCHTE

Gekühlte Zitrusfrüchte lassen sich leichter
reiben oder in Zesten schneiden, allerdings
trocknen die Zesten schnell aus. Darum bis
zum Gebrauch mit Frischhaltefolie abdecken.
Zimmerwarme Zitrusfrüchte geben mehr Saft
ab – rollen Sie sie vor dem Pressen mit der
Hand über die Arbeitsfläche, dann sind sie
noch ergiebiger.

CURD ZUBEREITEN

Man kann entweder die Butter zur Eimasse
geben (wie im Folgenden beschrieben) oder
umgekehrt (siehe Schritt-für-Schritt-Anleitung auf der nächsten Seite), wobei beide
Methoden gleich gut funktionieren.

Eier, Zucker, Zesten und Saft in eine hitzebeständige Schüssel geben und gut verrühren.
Die Schüssel über einen Topf mit siedendem
Wasser stellen, der Schüsselboden darf das
Wasser nicht berühren. Nun so lange rühren,
bis die Masse dick ist. Wer will, kann den
Aufstrich danach durch ein Sieb streichen,
um die Zesten zu entfernen. Die Butter einrühren, das Curd in ein sterilisiertes Glas

(siehe Seite 53) füllen und dieses luftdicht
verschließen. Im Kühlschrank aufbewahren.

AUFBEWAHRUNG

Da Curds mit Eiern zubereitet werden, halten
sie sich anders als Marmeladen nur etwa
4 Wochen im Kühlschrank. Darum sollte
man sie eher in kleinen Mengen kochen.

ORANGE CURD

Ergibt 500 g

3 Orangen

3 Eier, verquirlt

150 g Zucker

75 g Butter, klein gewürfelt

Die Schale von 1 Orange ablösen,
dann alle 3 Orangen auspressen.
Den Saft durch ein Sieb gießen.

Für den Curd der Schritt-für-
Schritt-Anleitung auf der rechten
Seite folgen.

CURD ZUBEREITEN

Ergibt 600 g

4 Zitronen

100 g Butter

450 g Zucker

4 große Eier, verquirlt

Die Schale der Zitronen ablösen, dann alle auspressen. Den Saft durch ein Sieb gießen.

Für den Curd der Schritt-für-Schritt-Anleitung auf dieser Seite folgen.

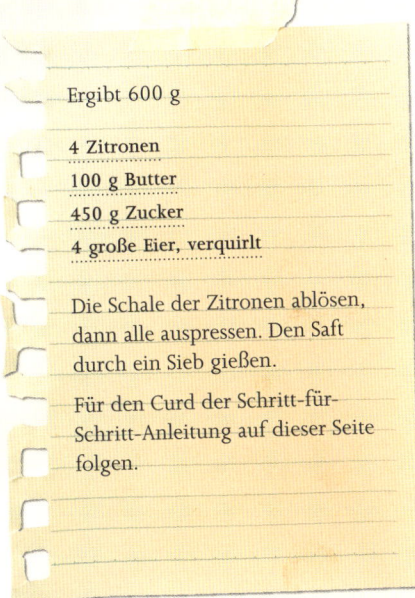

Zitronenschale und -saft, Butter und Zucker in einer hitzebeständigen Schüssel über einem Wasserbad erhitzen. Unter Rühren erhitzen, bis die Butter zerlassen ist. Vom Herd nehmen.

Die gut verquirlten Eier nach und nach unter ständigem Rühren in die Zitronenmischung gießen. Zurück auf den Herd stellen und unter Rühren erhitzen.

Etwa 10 Minuten kochen, bis die Creme eindickt, dann in sterilisierte Gläser (siehe Seite 53) füllen. Verschließen, abkühlen lassen und in den Kühlschrank stellen.

Dieser herrliche Kuchen besticht durch eine süßsaure Note. Hier noch ein toller Tipp: Backen Sie gleich zwei Kuchen und setzen Sie diese wie die Böden einer Torte mit Lemon Curd zusammen.

FÜR 8 PERSONEN

Puderzucker, zum Bestäuben

2 EL Lemon Curd

100 g Zucker

100 g weiche Butter, plus etwas mehr zum Einfetten

150 g Mehl

1½ TL Backpulver

2 große Eier (bei Zimmertemperatur), verquirlt

abgeriebene Schale von 1 Zitrone

ZITRONENGUSS

Saft von 2 Zitronen

50 g Zucker

ZUM SERVIEREN

Crème fraîche

Lemon Curd (siehe Seite 117)

LEMON-CURD-KUCHEN

Den Backofen auf 170 °C vorheizen. Eine Springform (20 cm Ø) einfetten und mit Puderzucker bestäuben.

Lemon Curd, Zucker und Butter in einer großen Schüssel glatt rühren. Unter Rühren Mehl und Backpulver hineinsieben. Die Eier hinzufügen, weiterrühren und schließlich die Zitronenschale untermengen.

Den Teig in die Form füllen und 35 Minuten im vorgeheizten Ofen backen. 10 Minuten in der Form abkühlen lassen, bis der Kuchen am Formrand leicht einschrumpft.

Auf einem Kuchengitter vollständig auskühlen lassen. Die Zutaten für den Guss verrühren und über den abgekühlten Kuchen träufeln.

Den Kuchen in Stücke schneiden und mit je 1 Löffel Crème fraîche und Lemon Curd servieren.

FRUCHTPASTEN

Fruchtpasten werden aus pürierten Früchten hergestellt. Diese Zubereitung empfiehlt sich zur
Konservierung von Obst mit vielen Kernen oder
Steinen, da das Fruchtfleisch passiert wird. Am besten
funktioniert sie mit Früchten mit hohem Pektingehalt
(siehe Seite 92–93). Man mischt Fruchtpüree und
Zucker zu gleichen Teilen und erhitzt die Masse, bis
sie eingedickt ist und der Zucker sich aufgelöst hat.
Fruchtpasten passen gut zu Käse und kaltem Fleisch.
Sie sollten 2 Monate ziehen, in einem luftdicht
verschlossenen Glas sind sie 4 Monate haltbar.

Unwiderstehlich

DULCE DE MEMBRILLO – QUITTENKÄSE

Quittenkäse ist unser Liebling. In
Spanien, wo man die Quitte membrillo
nennt, wird es auf eine ähnliche Weise
schon seit Hunderten von Jahren aus
den köstlichen goldgelben Früchten
hergestellt. Quitten erhalten viel Pektin
und gelieren daher ausgezeichnet. Die
herrlich korallenrote Farbe ist überdies
äußerst dekorativ.

Ergibt 750 g

1,5 kg Quitten

1 Vanillestange

Zucker

Die Quitten schälen und entkernen. In
Stücke schneiden und in einen großen
Topf geben. Mit Wasser bedecken und
die Vanillestange hinzufügen. Den Deckel aufsetzen und 40 Minuten weich
kochen. Mit einem Schaumlöffel aus
dem Topf heben und in eine Schüssel
geben. Den Quittensirup entsorgen.

Die Quitten abwiegen und zurück in
den Topf geben. Dieselbe Menge an
Zucker hinzufügen und den Zucker bei
geringer Hitze durch sanftes Rühren
auflösen. 1 Stunde köcheln lassen, bis
die Quitten zu einer korallenroten Paste
eingekocht sind.

Den Backofen auf 50 °C vorheizen. Ein
Backblech mit Backpapier auslegen. Die
Masse auf dem Backblech verstreichen
und glätten. 1 Stunde im Ofen backen –
so stockt der Quittenkäse schneller.
Abkühlen lassen, in Stücke schneiden
und im Kühlschrank aufbewahren.

FRUCHTPASTE ZUBEREITEN

1

Obst nach Wahl hacken und in einem großen
Topf mit Wasser bedecken. Zum Kochen bringen, dann bei reduzierter Hitze 30–40 Minuten köcheln, bis das Obst weich ist.

2

Das Obst durch ein Sieb passieren und abwiegen. Zurück in den Topf geben und dieselbe
Menge an Zucker hinzufügen. Den Zucker bei
geringer Hitze unter Rühren auflösen.

3

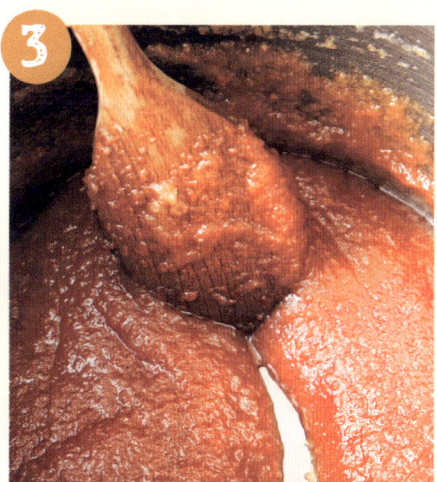

1 Stunde unter Rühren bei geringer Hitze
köcheln lassen, bis die Masse andickt. Wenn
ein Löffel beim Rühren eine deutliche Spur
am Topfboden hinterlässt, ist die richtige
Konsistenz erreicht.

4

Die Fruchtpaste in eine Puddingform (oder
in mit Glyzerin eingefettete Schälchen) füllen
und mit einem passenden Blatt Backpapier
abdecken. Vor dem Verzehr 1 Woche ruhen
lassen.

KONSER-VIEREN IN FLASCHEN

KONSERVIEREN IN FLASCHEN

Flaschen eignen sich zur langfristigen Aufbewahrung der verschiedensten Lebensmittel. Sie können selbst gebrautes Bier oder Cider in Flaschen abfüllen, ebenso Kräutertinkturen, die leichte Beschwerden wie Husten, Erkältungen oder Verdauungsprobleme lindern, und in Gemüse-Ketchups und Sirupen lassen sich die Aromen erntefrischer Produkte bewahren. Allesamt können problemlos in luftdicht verschlossenen Flaschen gelagert werden und sind eine nützliche – und überaus dekorative – Bereicherung für Ihre Vorratshaltung.

HINWEISE

- Reinigen Sie Flaschen und Arbeitsutensilien sorgfältig. Spülen Sie sie mit kochendem Wasser oder verwenden Sie geeignete Reinigungsmittel, um sie zu sterilisieren.
- Die Flaschenverschlüsse dürfen nicht beschädigt sein. Bei Flip-Top-Verschlüssen lässt sich das leicht überprüfen, ältere Flaschen bitte genau kontrollieren.
- Beschriften Sie die Flaschen mit Inhalt, Abfülldatum und weiteren Informationen (etwa Abweichungen vom Grundrezept).

SIRUPE

Das Wort Sirup kommt ursprünglich aus dem Arabischen und bedeutete im Mittelhochdeutschen „süßer Heiltrank". Heute denken wir bei Sirup weniger an Medizin, sondern an einen süßen, alkoholfreien, meist aus Früchten hergestellten dickflüssigen Saft, der, in Wasser aufgelöst, sehr erfrischend schmeckt. Wir machen unsere Sirupe aus besten Früchten, und sie schmecken der ganzen Familie – und das nicht nur mit Wasser und Eis. Man kann sie auch mit heißem Wasser oder Apfelsaft mischen und mit Gewürzen aromatisieren, um daraus einen wärmenden Trunk für kalte Winterabende zu machen. Mit kaltem Wein gemixt, sind sie ein perfekter Sommeraperitif – am besten schmecken Mischungen mit Himbeer-, Brombeer- oder Pfirsichsirup.

WEIN & CIDER

Die in Obst und Gemüse enthaltenen natürlichen Hefen sind ein echter Segen, da diese Zucker in Alkohol und Kohlendioxid wandeln. Alkohol wie Wein, Cider oder auch Stärkeres selbst herzustellen ist sehr einfach, schwieriger ist es, eine zufriedenstellende Qualität zu erreichen. Bei Ihrem ersten Versuch werden Sie vermutlich noch keinen Wein der Extraklasse keltern, doch genießen Sie jedes Glas. Beginnen Sie mit kleinen Mengen, notieren Sie sorgfältig, wie Sie vorgehen und wie Ihnen das fertige Produkt schmeckt, und verfeinern Sie Ihre Methoden von Jahrgang zu Jahrgang.

Beim Stichwort Wein denkt man meist an Trauben, doch man kann Wein aus fast allem herstellen, zum Beispiel aus Hagebutten,

Beeren mit den Fingern oder einer Gabel abstreifen

Trauben an einem trockenen Tag ernten und möglichst bald entsaften

Brennnesseln, Pastinaken oder sogar Hülsenfrüchten.

Da es bei uns immer eine reiche Apfelernte gibt, haben wir uns in den letzten Jahren eher auf die Cider-Produktion konzentriert. Dazu laden wir gern Freunde ein, um mit ihnen Freud und Leid des ziemlich aufwendigen Herstellungsverfahrens zu teilen. Unser Cider gerät mitunter sehr stark, darum halten wir uns beim Trinken eher zurück. Unseren ersten Cider-Jahrgang (rund 90 l), der wirklich sehr trocken war, haben wir mit vielen Gewürzen und Zucker heiß getrunken – köstlich!

SAUCEN & KETCHUPS

Ein Klecks hausgemachte Chilisauce oder ein Löffelchen Sahnemeerrettich können einem Gericht den entscheidenden Kick geben, und es ist immer gut, frischen Pesto für ein einfaches Essen im Kühlschrank zu haben.

Ketchups sind würzig und süß und werden traditionell aus Gemüse, Essig, Zucker und Gewürzen hergestellt. Am beliebtesten ist wohl Tomatenketchup, doch es gibt noch zahllose andere Varianten, etwa auf Sardellenoder Pilzbasis oder den auf den Philippinen beliebten Bananenketchup.

TOMATENKETCHUP MACHEN

Jede Ketchupmarke hat ihren typischen Geschmack, und Sie können davon ausgehen, dass auch Ihrer einzigartig werden wird. Tomatenketchup ist keine neue Erfindung: Das folgende Rezept ist über 200 Jahr alt und ziemlich salzig, da hier Salz als Konservierungsmittel dient.

- Die reifen Tomaten an einem trockenen Tag ernten und mit den Händen zerdrücken.
- Pro 100 Tomaten je 500 g Salz zufügen und 2 Stunden kochen. Dabei gelegentlich rühren, damit die Tomaten nicht anbrennen.

- Die Tomaten durch ein Haarsieb streichen, um Haut und Kerne zu entfernen.
- Nach Belieben mit Muskatblüten, Muskatnuss, Piment, Gewürznelken, Zimt, Ingwer und Pfeffer würzen.
- Die Sauce langsam einkochen.
- In Flaschen abfüllen (siehe Seite 53).

Laut Rezept hält sich dieser Ketchup 2–3 Jahre, doch vor 200 Jahren kannte man ja auch noch kein Mindesthaltbarkeitsdatum.

TINKTUREN

Eine Tinktur ist ein Kräuterextrakt. Für ihre Herstellung werden die aktiven Bestandteile von Kräutern und anderen Pflanzen in Alkohol – sehr gut funktioniert das mit Wodka – oder in einer Alkohol-Wasser-Mischung gelöst. Auf der ganzen Welt schätzt man seit jeher die medizinischen und geschmacklichen Qualitäten von Kräutern. Der Purpur-Sonnenhut, besser bekannt als Echinacea, soll das Immunsystem stärken sowie schmerz- und entzündungshemmend wirken, und die amerikanischen Ureinwohner nutzen ihn schon seit Jahrhunderten. Kamille, Baldrian und Lavendel gelten als beruhigend und werden bei Schlafstörungen und Angstzuständen eingesetzt. Pfefferminze beruhigt den Magen und regt die Verdauung an. Holunderextrakt hilft bei Husten und Erkältungen.

Schon das Einlegen der Kräuter in Alkohol und das Auspressen ihrer wohltuenden Bestandteile kann eine therapeutische Wirkung haben. Vielleicht ist die Herstellung von Kräutertinkturen für Sie ja eine Motivation, besser auf sich achtzugeben. Es sei betont, dass Kräutertinkturen die Schulmedizin keinesfalls ersetzen können, sie sind vielmehr als Ergänzung zu betrachten. Nicht alle Kräutertinkturen eignen sich zum Verzehr – informieren Sie sich im Vorfeld bitte gründlich.

SIRUP

Wer die vielfältigen Aromen sommerfrischer Früchte das ganze Jahr über bewahren möchte, sollte sich an die Herstellung von Sirupen machen. In luftdicht verschlossenen Flaschen halten sich die konzentrierten Säfte 12 Monate lang. Wir machen mit unseren Sirupen erfrischende Kaltgetränke oder verwenden sie als Zutat für alkoholische Mixgetränke. Genauso gut schmecken sie als Sauce zum Obstsalat oder als fruchtige Zutat in Eiscreme.

SIRUP KOCHEN

Um einen Sirup herzustellen, lässt man das Obst in wenig Wasser köcheln, um die Aromen zu extrahieren. Sobald die Früchte weich sind, die Flüssigkeit abseihen, messen und in den Topf geben. Dann pro 500 ml Saft 350 g Zucker zugeben. Den Zucker bei schwacher Hitze auflösen und den Sirup in sterilisierte Flaschen abfüllen und luftdicht verschließen.

HOLUNDERBLÜTENSIRUP

Ergibt 1 l

1,5 kg Zucker

15 Holunderblütendolden, Insekten durch Ausschütteln entfernen

2 Zitronen, geschält und in Scheiben

1 TL Zitronensäure

1 Liter Wasser in einem Topf zum Kochen bringen. Den Zucker hinzufügen und unter Rühren auflösen. Mit Holunderblüten, Zitronen und Zitronensäure in eine große Schüssel füllen. Umrühren, mit einem Geschirrtuch abdecken und über Nacht ziehen lassen. Am nächsten Morgen durch ein mit einem Mousselintuch ausgelegtes Sieb abgießen und in sterilisierte Flaschen (siehe Seite 53) füllen. Kühl aufbewahren.

HOLUNDERBEEREN-BROMBEER-SIRUP

Ergibt 1,5 l

250 g Holunderbeeren

250 g Brombeeren

Zucker

Saft von 1 Zitrone

1 Zimtstange

Die Beeren mit 150 ml Wasser bei geringer Hitze 5 Minuten köcheln lassen, bis der Saft austritt. Abkühlen lassen, dann zerdrücken. Durch ein mit einem Mousselintuch ausgelegtes Sieb gießen und den Saft abmessen. Den Saft zurück in den Topf geben und mit derselben Menge an Zucker sowie mit Zitronensaft und Zimtstange zum Kochen bringen. 2 Minuten kochen, dann vollständig abschäumen. In sterilisierte Flaschen (siehe Seite 53) füllen und verschließen.

EINEN FRUCHTSIRUP ZUBEREITEN

1

Die Früchte mit etwas Wasser in einem Topf bei geringer Hitze weich köcheln. Bei Beeren nur sehr wenig Wasser, bei festem Obst pro 500 g Frucht 200 ml Wasser hinzufügen.

2

Den Fruchtsaft durch ein mit einem Mousselintuch ausgelegtes Sieb abseihen und leicht mit einer Schöpfkelle oder einem Holzlöffelrücken auspressen.

3

Den abgeseihten Saft abmessen und pro 500 ml Saft 350 g Zucker hinzufügen. Den Zucker bei geringer Hitze unter Rühren auflösen, dann alles zum Kochen bringen.

4

Sämtlichen Schaum abschöpfen und den fertigen Sirup mit einem sterilisierten Trichter in sterilisierte Flaschen (siehe Seite 53) füllen. Im Kühlschrank ist der Sirup 1–2 Monate haltbar.

Holunderblütensirup, -saft und -likör schmecken nach Sommer. Wenn Birnen im Spätsommer im Überfluss vorhanden sind, kann man sich mit diesem Rezept den Sommer geschmacklich noch ein wenig verlängern.

FÜR 4 PERSONEN

abgeriebene Schale und Saft von ½ Zitrone

4 frische Minzezweige, zum Dekorieren

4 Conference-Birnen oder andere feste Birnen

250 ml Holunderblütensirup (siehe Seite 128)

250 ml Wasser

SYLLABUB

250 g Schlagsahne

3 EL Holunderblütenlikör

HOLUNDERBLÜTEN-BIRNEN MIT SYLLABUB

Die Birnen schälen, aber nicht entstielen, und dicht nebeneinander in einen Topf legen. Mit Holunderblütensirup, Wasser und Zitronensaft bedecken, den Deckel aufsetzen und etwa 30 Minuten weich köcheln. Währenddessen ein paarmal wenden und die Birnen dabei möglichst nicht eindrücken.

Die fertigen Birnen auf einen Teller geben und warm halten. Den Kochsud zu einem dünnen Sirup einkochen.

Für die Syllabub die Sahne schlagen, bis sich weiche Spitzen bilden, dann den Likör unterziehen. In eine kleine Schüssel füllen und mit ein wenig Birnensirup beträufeln.

Je 1 Birne auf einen Teller geben, mit ein wenig Sirup glasieren, mit einem Minzezweig dekorieren und mit 1 Löffel Syllabub servieren.

Die Birnen dicht nebeneinanderlegen

Wer eigene Tomaten anbaut, kommt meist irgendwann an den Punkt, an dem man der Ernte kaum noch Herr wird. Dann ist dieser würzige Drink die ideale Lösung. Wählen Sie möglichst reife Tomaten, denn diese sind süßer.

FÜR 4 PERSONEN

TOMATENSAFT

2 kg vollreife Tomaten

6 Selleriestangen

½ Zwiebel

2 EL Zucker (oder nach Geschmack)

3 EL Rotweinessig

1 TL Salz

1 gute Prise weißer Pfeffer

PRO DRINK

30 ml Wodka

1 Spritzer Worcestersauce

1 Zitronenscheibe

1 Selleriestange

BLOODY MARY

Für den Tomatensaft den Strunk aus den Tomaten schneiden und das Fruchtfleisch sowie Sellerie und Zwiebel grob hacken. Alle Zutaten in einen Edelstahltopf (kein Aluminium) geben und zum Köcheln bringen. Ohne Deckel etwa 25 Minuten köcheln lassen, bis das Gemüse weich ist. Dann durch ein Sieb passieren. Den Saft vollständig auskühlen lassen und in den Kühlschrank stellen. Dort ist er etwa 1 Woche haltbar. Länger hält er, wenn man den passierten Saft noch einmal 2–3 Minuten kochen lässt. In sterilisierte Flaschen (siehe Seite 53) füllen und fest verschließen. Dieses Rezept ergibt etwa 1,5 l Tomatensaft.

Für die Bloody Mary den Wodka in ein Longdrinkglas füllen, mit dem Tomatensaft auffüllen und die Worcestersauce hinzufügen. Die Zitronenscheibe hineingeben und mit der Selleriestange umrühren.

Eine Flasche voller sommerlicher Aromen

METHODE 21

WEIN

Wer seinen Wein selbst keltert, wird bald feststellen, wie zufrieden, stolz und schließlich auch entspannt das machen kann. Man muss nur wenig Geld investieren, um durchaus beachtliche Mengen trinkbaren Wein zu produzieren. Um jedoch einen erlesenen Tropfen herzustellen, braucht es viel Sorgfalt und Geduld. Man kann die Weinherstellung als Wissenschaft betreiben und den Herstellungsprozess und seine Bedingungen genau kontrollieren oder das Ganze – wie es dem Geist des Weins entspricht – als faszinierendes und vergnügliches Hobby betrachten. Wir jedenfalls halten uns nicht an allzu strenge Regeln, sondern lassen der natürlichen Entwicklung des Weins ihren Lauf. Dennoch sollte man einiges beachten, damit die Weinproduktion gelingt.

HINWEISE

- Flaschen und Arbeitsgeräte mit kochendem Wasser oder einem Desinfektionsmittel sterilisieren (spezielle Produkte für den Winzerbedarf sind im Handel erhältlich).
- Für die Weinherstellung benötigt man Zucker, Hefe, Säure und Tannin. Wie viel, hängt vom Rezept ab.
- Wir geben unserem Wein auf 4,5 l Traubenmost 1 kg Zucker für einen trockenen, 1,25 kg für einen halbtrockenen und 1,36 kg für einen süßen Wein hinzu.
- Hefen sind überall in der Luft enthalten, auch außen auf den Früchten. Sie können zusätzlich hochwertige Weinhefe (auf keinen Fall Backhefe) zugeben, die als Granulat oder flüssig im Winzergeschäft oder im Internet erhältlich ist.
- Wie frisch der Wein schmeckt, hängt vom Säuregehalt ab. Stellt man Wein aus Zutaten

her, die wenig Säure enthalten, etwa Blüten oder Getreide, muss man eventuell Säure zusetzen. Das kann Zitronensäure aus dem Winzergeschäft oder der Apotheke sein, aber wir nehmen meist Zitronensaft.
- Die Tannine in der Traubenschale verleihen dem Wein seine typische Trockenheit. Je nachdem, woraus Sie Ihren Wein keltern, müssen Sie noch Tannine aus dem Winzerladen oder dem Internet zufügen.
- Achten Sie darauf, dass bei der Weinherstellung Temperaturen herrschen, die das Wachstum der natürlichen Hefen begünstigen. Bei der ersten Gärung sind 24 °C optimal. Bei Temperaturen über 27 °C sterben die Hefekulturen ab, unter 21 °C werden sie inaktiv. Ein warmes Plätzchen in einem gut belüfteten Schrank ist ideal. Sie können auch in eine Heizmanschette investieren.

WEIN AUS TRAUBEN KELTERN

Zunächst müssen Sie die Trauben so gut wie möglich pressen. Traditionell macht man das mit den Füßen. Dazu Socken ausziehen, Füße gründlich waschen und die Trauben so lange mit Füßen und Zehen stampfen, bis nur noch Most und Schalen übrig bleiben. Sie sollten die Früchte dabei bis auf den letzten Tropfen ausquetschen. Alternativ kann man auch mit einer Presse arbeiten: Eine großzügige Lage Trauben in ein grob gewebtes Tuch einschlagen, darüber weitere Lagen stapeln, bis alle Trauben verbraucht sind oder die Presse voll ist.

GÄRUNG DES MOSTS

Nach dem Pressen den Saft durch ein mit einem Musselintuch ausgelegtes Sieb filtern und mit einem Trichter in einen Gärkolben oder eine Ballonflasche füllen. Der Kolben wird mit einem Gäraufsatz verschlossen, durch den Gase entweichen, aber keine Luft von außen nach innen dringen kann.

Die Gärung bei der Weinherstellung verläuft in zwei Phasen. In der ersten, aktiven Phase sprudelt der Most: Die Hefen vermehren sich unter der Beteiligung von Luft, und der Gärkolben sollte nur zu drei Vierteln gefüllt sein. Nach 10 Tagen, wenn das Sprudeln aufhört, beginnt die zweite Phase. Nun den Gärkolben mit Wasser auffüllen und mit einem Gäraufsatz verschließen, damit die entstehenden Gase entweichen können, ohne dass Luft in den Kolben gelangt. Dies verhindert, dass der Wein oxidiert und durch Bakterien oder andere Organismen verdirbt.

WEIN ABZIEHEN

Bereit zum Abziehen ist der Wein, wenn sich die Schwebstoffe abgesetzt haben und die Flüssigkeit klar ist. Das dauert normalerweise 8–10 Wochen. Abziehen bedeutet, den Wein vom Bodensatz, dem sogenannten Trub, zu trennen und ihn in einen anderen Behälter umzufüllen. Dieser Vorgang ist notwendig, damit der Bodensatz den Geschmack des Weins nicht verdirbt. Verwenden Sie zum Abziehen einen durchsichtigen Kunststoffschlauch. Nach 1 Monat sollten Sie den Wein erneut abziehen und – sofern Sie die Geduld haben – 3 Wochen später noch einmal. Lassen Sie den Wein vor dem letzten Abziehen an einem kühlen Ort ruhen, damit die letzten Schwebstoffe sich schneller absetzen.

WEIN ABFÜLLEN UND VERKORKEN

Wenn der Wein 6 Monate alt und die Gärung abgeschlossen ist, können Sie ihn in sterilisierte Flaschen abfüllen und verkorken. Flaschen aus dunklem Glas verhindern, dass der Wein seine Farbe verändert. Befüllen Sie die Flaschen mithilfe eines Schlauchs und lassen Sie für den Korken 4–5 cm Platz. Flaschen anschließend mithilfe eines Verkorkapparates oder eines Holzhammers verkorken und beschriften. Liegend bei etwa 13 °C gelagert, hält sich der Wein 1 Jahr.

VORSCHLAG: WEIN AUS ERBSENHÜLSEN

Bringen Sie 2 kg Erbsenhülsen in 5 l Wasser in einem großen Topf zum Kochen. Dann die Hitze reduzieren und 20 Minuten kochen lassen. Die Flüssigkeit anschließend abseihen und 1 kg Zucker, 1 Esslöffel trockene Weinhefe, 2 Beutel Schwarztee und 1 in Scheiben geschnittene Zitrone zugeben. Mit einem Geschirrtuch zudecken und 3–4 Tage ruhen lassen. Anschließend die Flüssigkeit in einen Gärkolben abseihen, diesen mit einem Gäraufsatz verschließen und 4 Wochen gären lassen. Dann den Wein abziehen, in Flaschen abfüllen und wie oben beschrieben verkorken.

WEIN AUS TRAUBEN KELTERN

Die Füße gut waschen, dann die Trauben in einen Behälter geben, in dem ein fester Stand gesichert ist.

Die Trauben mit den Füßen stampfen, bis das Fruchtfleisch vollständig ausgepresst ist.

Den Saft durch ein mit einem feinen Mousselintuch ausgeschlagenes Sieb filtern, um Schwebstoffe zu entfernen.

Den Saft in einen sterilisierten Gärkolben (siehe Seite 53) füllen und entweder dem durch natürliche Hefen ausgelösten Gärprozess seinen Lauf lassen oder hochwertige Weinhefe (siehe Seite 134) zugeben.

3

Ein großes Sieb mit einem grob gewebten Mousselintuch ausschlagen, auf einen großen Behälter setzen und Most und Schalen hineingeben.

4

Das Mousselintuch oben zusammennehmen und drehen, um den Saft auszupressen. So lange weitermachen, bis möglichst der gesamte Saft ausgetreten ist.

7

Den Gärkolben mit einem Gäraufsatz verschließen, damit kein Sauerstoff hineingelangt. Das entstehende Kohlendioxid drückt den Sauerstoff aus der Flasche und sprudelt, bis der Fruchtzucker in Alkohol umgewandelt ist.

8

Den Wein abziehen. Dazu den Wein mithilfe eines Kunststoffschlauchs vom Bodensatz trennen und in einen sterilisierten Gärkolben umfüllen. Nach 1 weiteren Monat erneut abziehen. In Flaschen abfüllen und verkorken.

Erbsenhülsenwein schmeckt nicht nur köstlich, er eignet sich auch gut zum Kochen. In diesem Rezept wird der Wein zusammen mit Minzeblättern reduziert und mit einer Lammroulade kombiniert.

FÜR 4 PERSONEN

1 Stückchen Butter

2 Schalotten, fein gehackt

1 Knoblauchzehe, fein gehackt

150 g Erbsen

1 EL frisch gehackte Minze

1 EL Olivenöl

Salz und frisch gemahlener schwarzer Pfeffer

75 g Semmelbrösel

1 Lammbrust (ca. 400 g)

REDUKTION

150 ml Erbsenhülsenwein (siehe Seite 135)

4–6 frische Minzeblätter, fein gehackt

1 EL Weißweinessig

1 EL Zucker

ZUM SERVIEREN

Röstkartoffeln

geschmorter Spitzkohl mit Pancetta

LAMMROULADE MIT ERBSENHÜLSENWEIN

Den Backofen auf 160 °C vorheizen. Die Butter in einer großen Pfanne zerlassen und Schalotten und Knoblauch darin sacht weich dünsten. Die Erbsen hinzufügen, 1 Minute rühren und vom Herd nehmen. Minze, Olivenöl und je 1 Prise Salz und Pfeffer hinzugeben. Alles mit den Semmelbröseln in einem Mixer ein paar Sekunden zerkleinern.

Die Lammbrust flach ausbreiten und die Erbsenmasse darauf verteilen. Aufrollen und mit Küchengarn verschnüren. Dann in einen Bräter setzen und 1½ Stunden in den vorgeheizten Ofen geben. Unterdessen die Reduktion zubereiten. Hierzu den Wein in einem kleinen Topf 10–15 Minuten um die Hälfte einkochen. Minzeblätter, Essig und Zucker hinzufügen und weitere 3–4 Minuten köcheln lassen. Abseihen und beiseitestellen.

Die Roulade aus dem Ofen nehmen, in Alufolie einwickeln und 10 Minuten ruhen lassen.

Die Reduktion erhitzen. Die Roulade in Scheiben schneiden, mit der Reduktion übergießen und mit Röstkartoffeln sowie geschmortem Spitzkohl mit Pancetta servieren.

METHODE 22

CIDER

Cider ist gegorener Apfelsaft aus zerkleinerten und gepressten Äpfeln. Wir verarbeiten jedes Jahr Äpfel aus unserem kleinen Obstgarten zu Cider. Außerdem überlassen uns Nachbarn gern einen Teil ihrer Ernte im Tausch gegen einige Flaschen Cider. Normalerweise lassen Äpfel sich nur gut aufbewahren, wenn sie reif gepflückt wurden und weder Druckstellen noch sonstige Beschädigungen haben. Macht man daraus aber Cider, kann man große Mengen Äpfel konservieren und spart das Geld für den Cider-Kauf. Und gesellig ist es auch, wenn man im Herbst Freunde zum Cider-Keltern einlädt.

DIE AUSWAHL DER ÄPFEL

Cider kann man aus jeder Apfelsorte herstellen, und selbst angeschlagenes Fallobst lässt sich noch zu einem guten Tropfen verarbeiten. Das Geheimnis eines guten Ciders liegt in der richtigen Mischung der Sorten – spezielle Apfelsorten wie Langworthy, Foxwhelp oder Crimson King müssen allerdings nicht gemischt werden. Ansonsten nimmt man je ein Drittel bittersüße, süße und saure Äpfel. In der englischen Heimat des Ciders sind bekannte süßbittere Sorten mit niedrigem Säuregehalt und reichlich Tanninen Dabinett, Somerset Red und Yarlington Mill, süß sind zum Beispiel Cox Orange, Golden Delicious, Fuji und Gala. Einen hohen Säureanteil schließlich haben etwa Braeburn, Boskop oder Elstar.

DIE VORBEREITUNG DER ÄPFEL

Schichten Sie die Äpfel 2–3 Tage vor dem Zerkleinern zu einem Haufen, damit sie weich werden. Fallobst kann man sofort verarbeiten, da es schon reichlich Saft enthält. Eindeutig kranke Äpfel müssen jedoch aussortiert werden, während sich leicht angeschlagene Exemplare immer noch verwenden lassen. Sie enthalten natürliche Hefen, die später für die Gärung sorgen. Der Saftgehalt von Äpfeln kann sehr stark variieren, doch im Durchschnitt kann man davon ausgehen, dass 8 kg Äpfel rund 5 l Cider ergeben.

DIE ZERKLEINERUNG DER ÄPFEL

Sorgen Sie dafür, dass Ihre Arbeitsgeräte sauber sind. Mit einer elektrischen Obstmühle (siehe Seite 142) lassen sich im Handumdrehen große Mengen Cider herstellen, was die Freude an der alten Tradition der Cider-Produktion noch erhöht.

Alternativ kann man die Äpfel auch zerkleinern, indem man sie in eine stabile Holzkiste gibt und mithilfe eines Spatens zerteilt. Die Kiste sollte fast bis zum Rand dicht mit Äpfeln bepackt sein, damit diese nicht unter dem Spaten wegkullern, allerdings auch nicht zu voll, da sonst Äpfel über den Rand hüpfen. Arbeiten Sie mit einem geschliffenen, sauberen Spaten, um die Äpfel zu hacken.

PRESSEN

Verteilen Sie die zerkleinerten Äpfel in gleichmäßigen Lagen auf Ihre Presse. Schlagen Sie die einzelnen Lagen jeweils in ein Presstuch (z.B. aus Mousselin) ein. Anschließend den Saft direkt in einen sterilisierten Gärkolben pressen. Nun sollten Sie unbedingt von dem trüben Apfelsaft kosten, bevor er sich in goldgelben Wein verwandelt. Stellen Sie einen großen Krug unter die Presse, um den köstlichen Saft aufzufangen, der sich im Kühlschrank einige Tage hält.

Ist die erste Ladung Äpfel fertig gepresst, entfernt man das Fruchtfleisch aus den Presstüchern und entsorgt es in die Komposttonne oder macht damit ein paar Schweine glücklich. Dann die Presse erneut befüllen und die oben beschriebenen Schritte wiederholen, bis alle Äpfel gepresst sind.

GÄRUNG

Sobald der frisch gepresste Apfelsaft in Gärkolben abgefüllt ist, ist es Zeit für das Wunder der Gärung. Wir verlassen uns dabei immer auf die natürlichen Hefen, die sich auf den Apfelschalen befinden, doch Sie können auch noch einige Teelöffel Weinhefe zugeben. Wer lieber süßen Cider mag, mischt Zucker oder Sirup unter den Saft.

ABFÜLLUNG

Nach dem Ende der Gärung, die zwischen 10 Tagen und 1 Monat dauert, können Sie den Cider direkt mit einem Kunststoffschlauch (siehe Seite 137, Schritt 8) in Flaschen abfüllen. Es kommt übrigens relativ häufig zu einer zweiten Gärung in der Flasche. Normalerweise trinkt man Cider innerhalb eines Jahres, doch er hält sich auch länger. Wir haben einmal Apfelsaft in Flaschen abgefüllt, nachdem wir versucht hatten, ihn zu pasteurisieren, und waren nach einigen Monaten mehr als überrascht, dass der Saft sich in ein alkoholisches Getränk verwandelt hatte, das an den – im Gegensatz zum britischen – sprudelnden, normannischen Cidre erinnerte. Unseren Gästen haben wir diesen Fehler nicht verraten: Ihnen hat's geschmeckt.

VORSCHLAG: BIRNEN-CIDER

Dort, wo Äpfel wachsen, fühlen sich auch Birnen wohl. Und die verarbeitet man genauso wie Äpfel zu Cider. Da Birnen-Cider im Allgemeinen deutlich süßer ist als Apfel-Cider, müssen Sie bei der Gärung keinen Zucker zufügen.

CIDER HERSTELLEN

Verdorbene Früchte aussortieren und die Äpfel in der Obstmühle zerkleinern.

Eine 5 cm dicke Lage zerkleinerte Äpfel auf einem groben Mousselintuch in der Presse verteilen. Anschließend das Tuch an den Seiten einschlagen und zu einem Paket falten.

Die Presse so weit herunterdrehen, dass so viel Saft wie möglich ausgepresst wird. Ist die Presse nicht am Boden verschraubt, sollte man zu zweit arbeiten: Einer hält die Presse, einer dreht den Hebel.

Den Saft in einen sterilisierten Gärkolben umfüllen.

Ein Holzgitter auf das gefaltete Tuch legen. Schritt 2 und 3 wiederholen, bis die Presse voll ist. Mit einem Holzgitter abschließen.

Eine schwere Holzplatte auf das oberste Holzgitter legen und einen großen Krug unter den Ausguss stellen.

Ein Gäraufsatz sorgt dafür, dass die bei der Gärung entstehenden Gase entweichen können, aber keine Luft in den Kolben gelangt, der den Cider oxidieren lassen würde.

Nach Abschluss der Gärung, wenn die Hefen und Schwebstoffe sich am Boden abgesetzt haben, den Cider mit einem Schlauch in einen Glasballon oder in Flaschen abfüllen.

Hier unsere Version des berühmten französischen Muschelgerichts „Moules marinière". Der Armagnac verleiht dem Gericht einen besonderen Pfiff und verstärkt das Aroma des Ciders.

FÜR 4 PERSONEN

2 kg Miesmuscheln, abgebürstet und Bärte entfernt

20 g Butter

140 g trocken geräucherter durchwachsener Speck, gewürfelt

1 Lorbeerblatt

2 oder 3 frische Thymianzweige

3 Schalotten, halbiert

50 ml Armagnac (nach Belieben)

150 ml Cider

200 g Crème fraîche

Salz und frisch gemahlener schwarzer Pfeffer

MIESMUSCHELN MIT CIDER, ARMAGNAC & THYMIAN

Die Muscheln prüfen und offene Exemplare oder solche, die sich auch nach Anklopfen nicht schließen, aussortieren.

Die Butter in einem großen Topf zerlassen und den Speck darin 3–4 Minuten anbraten. Lorbeerblatt, Thymian und Schalotten hinzufügen und ein paar Minuten mitgaren. Nach Belieben nun den Armagnac sowie Muscheln und Cider hineingeben und bei hoher Hitze 5 Minuten unter gelegentlichem Rühren kochen.

Die Muscheln mit einem Schaumlöffel aus dem Topf heben, sobald sich alle Schalen geöffnet haben. Noch geschlossene Muscheln wegwerfen. Die Sauce ein paar Minuten weiterköcheln lassen, dann die Crème fraîche unterrühren. Gut mit Salz und Pfeffer würzen und servieren.

SAUCEN & KETCHUPS

Saucen und Ketchups können mit ihrem konzentrierten Geschmack zum Würzen der verschiedensten Gerichte verwendet werden. Sehr praktisch ist diese Konservierungsmethode, wenn man große Mengen Gemüse auf einmal verarbeiten möchte. Besonders gut kommen die intensiven, frischen Aromen des Ketchups übrigens zur Geltung, wenn man ihn bereits beim Kochen verwendet.

Fertig zum Verzehr

VORBEREITUNG

Putzen und schälen Sie zunächst das Obst und Gemüse. Weiche Früchte können Sie roh pürieren, härtere müssen Sie zunächst bei schwacher Hitze weich kochen und dann pürieren. Kräuter und Chilis entfalten ihre Aromen meist am besten, wenn man sie direkt in die Sauce gibt. Öl, Essig und Zitrussäfte sorgen für einen spritzig-frischen Geschmack.

WÜRZEN

Süßen und würzen sollte man am besten, bevor man die Sauce abseiht. Zerstoßen Sie Kräuter und Gewürze grob im Mörser, um sie dann unter das Fruchtfleisch oder die Gemüsemasse zu rühren.

ABSEIHEN

Dünnflüssigen Ketchup sollten Sie durch ein Haarsieb oder ein Mousselintuch filtern. Dickere Saucen müssen nicht vollkommen homogen sein. Unbedingt entfernen allerdings sollten Sie Kräuter und Gewürze, die Sie voher im Ganzen mitgekocht haben.

ABFÜLLEN UND LAGERN

Füllen Sie die fertige Sauce in eine sterilisierte Glasflasche (siehe Seite 53) ab, die Sie im Kühlschrank aufbewahren.

LECKERE SAUCEN

• PESTO: Die klassische Komposition aus Basilikum, Olivenöl, Pinienkernen und Parmesan ist unwiderstehlich, aber auch andere Varianten haben ihren Reiz, zum Beispiel Salbei und Walnüsse oder Petersilie und Kürbiskerne. Mit Pesto kann man schnell köstliche Nudelgerichte zaubern.

• CHILISAUCE: Je schärfer, desto besser! Bei den Zutaten darf man ruhig ein wenig experimentieren. Immer gut schmeckt eine Kombination aus Knoblauch, Ingwer, Koriander, geräucherten Chilis und Essig.

• TOMATENKETCHUP: Dieser recht dickflüssige Klassiker unter den Ketchups passt zu vielen Gerichten. Im Geschmack ist hausgemachter Ketchup kaum zu schlagen. Traditionelle Zutaten sind reife Tomaten, Salz, Muskatnuss und -blüten, Piment, Nelken, Zimt, Ingwer und Pfeffer (siehe Seite 127).

PILZKETCHUP ZUBEREITEN

Ergibt 400 ml

2 kg Riesen- oder Feldchampignons, gehackt

25 g Salz

1 kleine Zwiebel, gewürfelt

2 Gewürznelken

1 TL schwarze Pfefferkörner

3–4 Pimentkörner

300 ml Weißweinessig

1 EL Sojasauce

1 EL Weinbrand (nach Belieben)

Wenn Sie über 400 ml Ketchup erhalten sollten, köcheln Sie ihn bei niedriger Hitze ein, um den Geschmack zu intensivieren. Er ist bis zu 1 Jahr haltbar.

Die Pilze in einer flachen Form mit Salz bedecken. 24 Stunden ziehen lassen, dabei gelegentlich umrühren und zerstampfen.

Alle weiteren Zutaten bis auf den Weinbrand in einem Topf zum Kochen bringen. Abgedeckt bei mittlerer Hitze 1 Stunde köcheln lassen, bis die Flüssigkeit auf etwa 400 ml eingekocht ist.

Die Flüssigkeit durch ein Sieb in eine Kanne gießen und anschließend durch einen mit einem Mulltuch ausgelegten Trichter in eine sterilisierte Flasche (siehe Seite 53) füllen. Gut verschließen und im Kühlschrank lagern.

Die Kombination von Meerrettich und geräucherter Makrele ist ein ganz besonderer Genuss, der in Form von herzhaft gefüllten Windbeuteln kaum noch zu schlagen ist. Zwar ist die Füllung mit Mayonnaise und Meerrettich aus dem Glas schneller zubereitet, allerdings ziehen wir die selbst gemachte Variante vor.

ERGIBT CA. 12 STÜCK

2,5-cm-Stück frischer Meerrettich (oder nach Geschmack)

100 ml Mayonnaise

abgeriebene Schale von ½ Zitrone

2 geräucherte Makrelenfilets, ohne Haut

Zitronenspalten, zum Servieren

BRANDTEIG

75 g Butter

125 ml Wasser

75 g Mehl, gesiebt

2 Eier, verquirlt

WINDBEUTEL MIT MEERRETTICHRÄUCHERMAKRELE-MAYONNAISE

Den Backofen auf 220 °C vorheizen. Ein Backblech mit Backpapier oder einer Silikonmatte auslegen.

Zunächst den Brandteig herstellen. Hierzu Butter und Wasser in einem Topf bei mittlerer Hitze erwärmen, bis die Butter zerlassen ist. Zum Kochen bringen, dann sofort vom Herd nehmen. Das Mehl auf einmal hineingeben und rühren, bis sich der Teig vom Topfrand löst. Die Masse ein wenig abkühlen lassen, dann nach und nach die Eier unter Rühren einarbeiten, bis ein glatter Teig entstanden ist.

Den Teig mit 2 Esslöffeln oder mit einem Spritzbeutel mit großer Tülle in ca. 12 Portionen mit ausreichend Abstand auf das Backblech geben. 20 Minuten im vorgeheizten Ofen goldbraun backen. Auf einem Kuchengitter vollständig auskühlen lassen.

Unterdessen die Füllung zubereiten. Hierzu den Meerrettich fein reiben und mit Mayonnaise und Zitronenschale vermengen. Die Makrele klein zupfen und mit einer Gabel unter die Meerrettichmayonnaise mischen. Bis zur Verwendung beiseitestellen.

Die abgekühlten Windbeutel seitlich mit einem kleinen Messer einschneiden und 1 gehäuften Teelöffel der Füllung hineingeben. Mit Zitronenspalten servieren.

METHODE 24

ALKOHOLISCHE TINKTUREN

Sehr viele Pflanzen haben heilende Eigenschaften, die man schon seit Urzeiten in Tinkturen konzentriert. Kräutertinkturen sind bis heute beliebte Hausmittel gegen die verschiedensten Beschwerden. Vor der Einnahme sollte man immer Rücksprache mit einem Arzt halten, und Schwangere sollten sie gänzlich meiden. Alkohol extrahiert die aktiven Kräutersubstanzen und konserviert sie gleichzeitig. Tinkturen aus frischen Kräutern sind stärker als solche aus getrockneten – ein weiteres Argument für den eigenen Kräutergarten.

TINKTUREN AUS FRISCHEN KRÄUTERN

Das Herstellungsverfahren besteht in der Lösung von Kräutern oder anderen Feststoffen in Wodka oder reinem Alkohol. Damit die Tinktur nicht verdirbt, muss der Alkoholgehalt mindestens 25 % betragen. Für die heimische Produktion eignet sich Wodka ausgezeichnet. Schütteln Sie die Mixtur 2 Wochen lang täglich, damit die wohltuenden Eigenschaften der Kräuter in die Flüssigkeit extrahiert werden. Danach die Tinktur durch ein Mousselintuch filtern und die Kräuter ausdrücken.

AUFBEWAHRUNG

Füllen Sie die Tinktur in eine kleine, sterilisierte Tropfflasche. Dann beschriften und dunkel lagern. Tinkturen sind jahrelang haltbar, werden aber im Lauf der Zeit schwächer.

ANWENDUNG

Einfach einige Tropfen in ein Glas Wasser geben und trinken.

MAGENTINKTUR

Dieses Heilmittel ist ideal für Menschen mit Verdauungsproblemen. Nehmen Sie es nach einer Mahlzeit oder vorher ein, um die Verdauungsenzyme anzuregen und die Aufspaltung wichtiger Nährstoffe zu verbessern.

100 g frischer Rosmarin

90 g frische Lorbeerblätter

400 ml Wodka

Für die Herstellung der Tinktur bitte der Schritt-für-Schritt-Anleitung rechts folgen.

EINE KRÄUTERTINKTUR HERSTELLEN

Die Kräuter pflücken, gründlich waschen und trocknen lassen, dann fein hacken.

Die gehackten Kräuter in ein großes Bügelglas geben und mit dem Wodka übergießen.

Das Glas fest verschließen und gut schütteln. Danach mindestens 2 Wochen lang täglich schütteln.

Die Tinktur durch ein Mousselintuch in einen Krug abseihen. Die Kräuter im Tuch aus-pressen.Die Tinktur in dunklen, sterilisierten Tropfgläsern aufbewahren (siehe Seite 53).

Propolis ist eine klebrig-harzige, von Bienen aus Knospen von Laubbäumen gesammelte Masse mit antiseptischer Wirkung. Seit wir vor Jahren mit der Imkerei begonnen haben, bereiten wir diesen Tee schon zu. Er hilft gegen Halsschmerzen und Infektionen. Je nach Stärke der Halsschmerzen können Sie die Menge der Tinktur variieren. Wir finden den Tee unglaublich effektiv.

TINKTUR

10 g Propolis

30 ml Wodka

TEE

4–6 Tropfen Propolis-Tinktur

1–2 TL Honig

1 Zitronenscheibe

4 Gewürznelken

1 frischer Thymianzweig

1–2 frische Salbeiblätter

PROPOLIS-ERKÄLTUNGSTEE

Für die Tinktur die Propolisstücke in ein Einmachglas geben, den Wodka zugießen und 2–3 Wochen lang jeden Tag einmal schütteln, bis die Propolisstücke ganz aufgelöst sind. Die Flüssigkeit durch einen Kaffeefilter gießen, um sämtliche Verunreinigungen aus der Propolis zu entfernen. In eine sterilisierte Flasche (siehe Seite 53) füllen und an einem dunklen Ort aufbewahren.

Für den Tee einfach 6–8 Tropfen der Tinktur in einen Trinkbecher füllen, Honig, Zitrone, Nelken, Thymian und Salbei hinzufügen und mit kochendem Wasser aufgießen.

Hilft bei Halsschmerzen

5

EINFRIEREN

EINFRIEREN

Kein frisches Lebensmittel hält sich ewig: In seinen Zellen sind Enzyme aktiv, und von außen dringen Bakterien ein. Damit ist es unweigerlich dem Verderben geweiht. Beim Haltbarmachen geht es darum, krankheitserregende Mikroorganismen entweder fernzuhalten oder abzutöten. Mit der Aufbewahrung im Kühlschrank verlangsamen sich die Aktivitäten der Bakterien, und bei eisigen Temperaturen stellen sie ihre Arbeit ganz ein. Darum halten gefrorene Vorräte sich so lang.

HINWEISE

- Verwenden Sie zum Einfrieren ausschließlich geeignete Behältnisse. Wickeln Sie das Gefriergut fest ein und verschließen Sie Dosen luftdicht.
- Die Produkte müssen makellos sein.
- Kleine Portionen gefrieren schneller. Dadurch sind die entstehenden Eiskristalle kleiner, was die Qualität erhöht.
- Beschriften Sie das Gefriergut und vermerken Sie das Haltbarkeitsdatum (siehe Übersicht Seite 159).
- Das Gefriergerät muss eine Temperatur von −18 °C haben.
- Zum Gefrieren brauchen die Lebensmittel ausreichend Platz, damit die Kaltluft zirkulieren kann. Später können Sie den Gefrierschrank wieder dichter bepacken.
- Füllen Sie das Gefriergerät regelmäßig auf: Gut gefüllt, arbeitet es effizienter als halb leer.
- Lebensmittel immer im Kühlschrank auftauen.
- Schauen Sie vor dem Einkauf in den Gefrierschrank. So laufen Sie nicht Gefahr, für viel Geld etwas im Supermarkt zu kaufen, das Sie in besserer Qualität vorrätig haben.

GRUNDLAGEN

Im Kühlschrank verändert sich die Konsistenz der Lebensmittel nur geringfügig, doch beim Einfrieren sieht das anders aus: Die Zellen von Lebensmitteln enthalten Wasser, und die meisten Produkte sind bei −5 °C hart gefroren. Im Allgemeinen hat das Einfrieren nur geringe Auswirkungen auf die Qualität von rohem Fleisch, und auch die meisten Gemüsesorten nehmen kaum Schaden. Obst allerdings kann seine Konsistenz durch das Einfrieren vollkommen verändern, einige Früchte werden beim Auftauen weich und matschig.

Werden Lebensmittel nur langsam tiefgefroren, bildet das enthaltene Wasser große Eiskristalle, die die Zellwände durchbrechen. Das hat Folgen für die Konsistenz des Gefrierguts: Beim Auftauen fließt das Wasser aus den beschädigten Zellen und schwemmt gleichzeitig Mineralien und Vitamine aus. Dadurch verändern sich Geschmack und Konsistenz. Beim schnellen Tieffrieren bilden sich nur kleine Eiskristalle. Damit reduziert sich die Zerstörung der Zellwände, und das aufgetaute Produkt bleibt weitgehend in seinem ursprünglichen Zustand.

Gönnen Sie sich eine Eiscrememaschine – es lohnt sich!

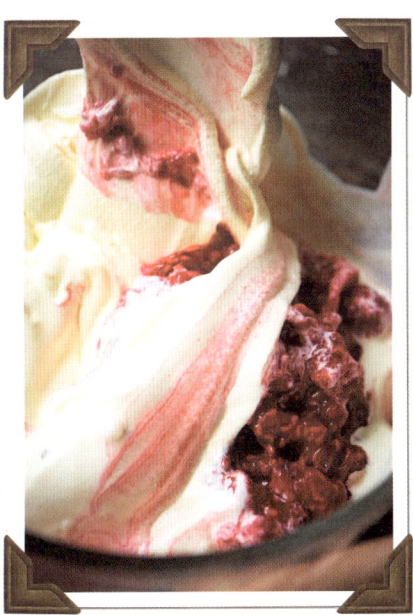

Orangenschale sorgt für ein erfrischendes Zitrusaroma.

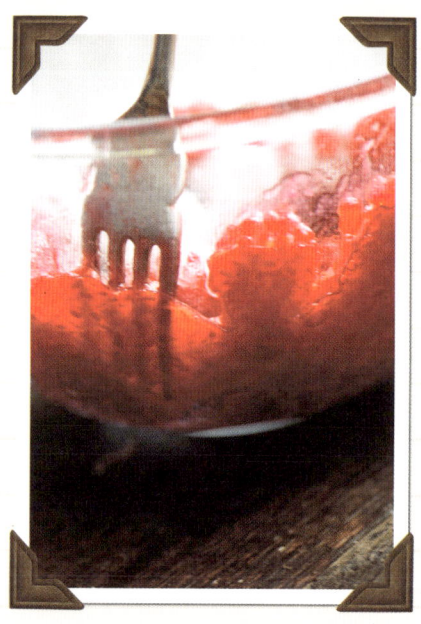

ORGANISATION

Es kommt nicht selten vor, dass man sein Gefriergerät mit frischen Produkten vollpackt, die man dann schlicht vergisst und erst nach Monaten – oder gar Jahren – wiederentdeckt. Einfrieren will organisiert sein, denn es lohnt kaum, die Lebensmittel mit viel Mühe vorzubereiten, damit sie in den Tiefen des Gefriergeräts verloren gehen und letztlich auf dem Müll landen. Darum sind Gefrierschränke praktischer als Tiefkühltruhen. Dank der Ablagen und Fächer hat man das Gefriergut besser im Blick und findet es leicht wieder.

VERPACKUNGEN

Zum Einfrieren gedachte Lebensmittel müssen stets sorgfältig in wasser- und dampfbeständige Behälter oder Materialien verpackt werden. Entfernen Sie möglichst alle Luft aus den Verpackungen. Es darf weder Luft eindringen noch Flüssigkeit austreten. Die Mühe lohnt sich: Gut verpackt, bleiben frische Lebensmittel beim Einfrieren weitgehend unversehrt.

Die sorgfältige Verpackung beugt Gefrierbrand vor, durch den Nährstoffe, Geschmack und Aroma, Farbe, Konsistenz, Feuchtigkeit und Qualität Schaden nehmen. Lebensmittel mit Gefrierbrand verlieren Flüssigkeit: Sie sind von einer Eisschicht überzogen, und auf der Oberfläche bilden sich weiße Flecken. Ähnliche Merkmale weist Gefriergut auf, das mit Luft in Berührung gekommen ist. Meist sind Lebensmittel auch mit Gefrierbrand noch essbar. Man kann die befallenen Stellen vor oder nach dem Auftauen wegschneiden, doch man muss damit rechnen, dass die Lebensmittel trocken und zäh sind. Auch eine zu lange Lagerung kann Gefrierbrand verursachen. Beschriften Sie das Gefriergut

gut sichtbar. Vermerken Sie Einfrier- sowie Haltbarkeitsdatum (siehe Übersicht unten).

AUFTAUEN

Solange die Lebensmittel gefroren sind, kommt das Bakterienwachstum zum Stillstand, doch beim Auftauen erwachen die Mikroorganismen wieder zum Leben. Sobald die Lebensmittel aufzutauen anfangen und die Temperatur steigt, beginnen die Bakterien – sofern Flüssigkeit vorhanden ist – wieder, sich zu vermehren. Wird das Gefriergut bei über 5 °C aufgetaut, multiplizieren sich die Bakterien in rasantem Tempo. Dadurch kann es zu Lebensmittelvergiftungen kommen. Darum empfiehlt sich das Auftauen über Nacht im Kühlschrank.

HALTBARKEIT

Bei energieeffizienten −18 °C halten sich die meisten Lebensmittel bis zu 3 Monate. Bei −30 °C kann man manche Produkte bis zu 1 Jahr tiefgefroren aufbewahren. Die unten stehende Tabelle gibt Auskunft über die maximale Haltbarkeit verschiedener Lebensmittel.

	HALTBARKEIT
ROHES GEMÜSE	12 Monate
ROHES FLEISCH	12 Monate
ROHER WEISSFISCH	6–12 Monate
ROHER FETTFISCH	4 Monate
ROHES GEBÄCK	3–6 Monate
GEKOCHTE SPEISEN	2 Monate

Gönnen Sie sich eine Kugel!

EISCREME

Eiscreme kann man beinahe in allen Geschmacksrichtungen ganz nach seinen persönlichen Vorlieben herstellen. Auch die Grundzutaten variieren: Es gibt leichtere, auf Milchbasis zubereitete Varianten und sahnige Sorten mit Schlagsahne extra. Unserer Meinung nach ist Englische Creme die beste Basis, und besonders gut finden wir ganz einfaches Vanilleeis. Am einfachsten lässt Eiscreme sich in einer Eismaschine zubereiten, doch wir erklären Ihnen auch, wie es von Hand geht.

EISCREME VON HAND HERSTELLEN

Kochen Sie eine Englische Creme (siehe Schritte 1–4), die Sie aromatisieren. Die flüssige Eiscreme in einen Kunststoffbehälter mit Deckel geben und 2 Stunden in den Gefrierschrank stellen, bis die Flüssigkeit an den Rändern zu gefrieren beginnt. Den Inhalt in eine Schüssel geben und mit dem Schneebesen schlagen, um die Eiskristalle zu brechen. Eiscreme zurück in den Behälter geben und wieder für einige Stunden gefrieren lassen. 3-mal wiederholen.

VANILLEEISCREME

Ergibt 600 ml

250 ml Milch

1 Vanillestange, längs halbiert

4 Eigelb

100 g Zucker

250 g Schlagsahne

Bitte der Schritt-für-Schritt-Anleitung auf diesen Seiten folgen.

EISCREME HERSTELLEN

1

Milch und Vanillestange in einem Topf bei geringer Hitze zum Köcheln bringen. Vom Herd nehmen und 20 Minuten ziehen lassen, dann die Vanillestange herausnehmen, das Mark auskratzen und in die Milch geben.

Eigelb und Zucker in einer Schüssel schaumig schlagen. 2 Esslöffel der Vanillemilch unter die Eier rühren, dann nochmals 2 Esslöffel Milch unterrühren.

Die verbliebene Milch langsam unter Rühren eingießen. Die Mischung zurück in den Topf geben und unter Rühren sacht erhitzen, bis die Masse andickt. Nicht kochen.

Vom Herd nehmen und beiseitestellen. Nun nach Belieben Früchte oder Likör hinzufügen, aber nie zu viel Alkohol hineingeben, da das Eis sonst nicht fest wird.

Die abgekühlte Masse mit der Sahne verrühren und entweder von Hand (siehe Seite 160) oder gemäß Herstellerangaben in einer Eis-crememaschine verarbeiten. Die Eiscreme ist im Gefrierfach bis zu 3 Monate haltbar.

Hier ein herrliches, mit Himbeeren marmoriertes Eis, das durch das Aroma von Salbeiblättern einen Pfiff der ganz besonderen Art erhält.

FÜR 8–10 PERSONEN

2 große Eier

150 g Zucker

500 g Schlagsahne

2 frische Salbeiblätter, entstielt und in feinen Streifen

300 g Himbeeren

1 EL Puderzucker

SHORTBREAD

200 g Mehl

100 g Butter

75 g Puderzucker

2 frische Salbeiblätter, entstielt und fein gehackt

HIMBEER-SALBEI-EISCREME MIT SHORTBREAD

Die Eier in einer großen Schüssel schaumig aufschlagen, dann nach und nach den Zucker hinzufügen und 2 Minuten weiterrühren. Die Sahne eingießen und kräftig unterrühren. Schließlich die Salbeistreifen untermengen.

Die Masse in eine Eiscrememaschine füllen und gemäß den Herstellerangaben zu einem cremigen Eis verarbeiten. Alternativ der Anleitung auf Seite 160 folgen.

Derweil Himbeeren und Puderzucker in einer Schüssel leicht mit einem Gabelrücken zerdrücken. Wenn das Eis gefroren, aber noch weich ist, die Himbeeren behutsam unterrühren und so einen Marmoreffekt erzielen. In einen Gefrierbehälter füllen und im Gefrierschrank fest werden lassen.

Für das Shortbread den Backofen auf 160 °C vorheizen. Mehl, Butter und Puderzucker in einer Küchenmaschine mit der Pulsfunktion zu einem bröseligen Teig verarbeiten. Das Rührmesser herausnehmen und den gehackten Salbei unterrühren.

Den Teig auf ein kleines Backblech (ca. 20 x 15 cm Seitenlänge) geben und andrücken. 20 Minuten im Ofen goldgelb backen. Das Shortbread auf dem Blech in Stücke schneiden und auf einem Kuchengitter abkühlen lassen.

Das Eis mit 1 Stück Shortbread servieren.

METHODE 26

SORBET

Erfrischung pur

Sorbet ist Halbgefrorenes aus Fruchtsaft oder -püree und Zuckersirup. Seine Konsistenz ist weicher und körniger als die von Eiscreme. Wir machen in der Obstsaison regelmäßig Sorbets, um den herrlichen Geschmack und die intensive Frische der reifen Früchte zu konservieren. Als Zwischengang bei einem Menü ist ein hausgemachtes saisonales Sorbet übrigens eine angenehme Erfrischung für den Gaumen. Mit Beeren oder warmem Gebäck schmeckt es natürlich auch als Dessert.

DIE AUSWAHL DER ZUTATEN

Das Geheimnis eines guten Sorbets liegt in seinen aromatischen Zutaten. Im Prinzip kann man aus fast allem Sorbet machen, doch aus Obst schmeckt es eigentlich am besten. Schließlich soll das Ganze zu einem besonders intensiven Geschmackserlebnis verschmelzen.

ABSEIHEN

Sorbets sind im Geschmack sehr rein, der besondere Kick liegt in der Verschmelzung eisiger Kristalle mit intensiven Fruchtaromen. Seiht man das Sorbet vor dem Gefrieren durch ein Haarsieb ab, bleibt es klar. Wer die Konsistenz durch feste Zutaten variieren will, fügt diese erst am Ende zu.

ALKOHOL

Obwohl Alkohol nicht gefriert, kommt er in Sorbets häufig vor. Er verändert nicht nur den Geschmack des Sorbets, sondern macht es auch weicher. Wer sein Sorbet abrunden will, ohne die geschmackliche Komposition zu verändern, nimmt am besten Wodka, der nur sehr dezent aromatisiert.

ORANGEN-HAGEBUTTEN-SORBET

Ergibt 750 ml

750 g Hagebutten

250 ml Wasser

250 g Zucker

500 ml Orangensaft

abgeriebene Schale von 2 Orangen

2 EL Wodka

mehr Zucker, nach Geschmack

Für die Herstellung des Sorbets bitte der Schritt-für-Schritt-Anleitung rechts folgen.

EIN ORANGEN-HAGEBUTTEN-SORBET HERSTELLEN

Die Früchte halbieren, Stiel und Nüsschen entfernen und mit Wasser, Zucker, Orangensaft und -schale köcheln lassen, bis die Früchte weich sind. Durch ein Haarsieb abseihen.

Den Saft bei Bedarf noch stärker süßen und Gewürze oder andere Aromen hinzugeben. Dann abkühlen lassen.

Den Wodka unter den Saft rühren oder 1 Schnapsglas Wodka in die Eiscrememaschine geben und dann den Saft hineinfüllen.

Bei Verwendung einer Eiscrememaschine gemäß Herstellerangaben vorgehen, ansonsten der Anleitung auf Seite 160 folgen.

Tomaten lassen sich ebenso wie Früchte in herrliche Sorbets verwandeln und mit herzhaften Speisen kombinieren. Hier werden frische Salsa und geröstetes Weißbrot mit dem Tomatensorbet serviert.

FÜR 4 PERSONEN

3 reife Avocados, entkernt

400 g gekochtes weißes Krebsfleisch

1 frische rote Chili, fein gehackt

1 EL frisch gehackter Koriander

3 Frühlingszwiebeln, fein gehackt

1 TL Sesamsaat

Salz und frisch gemahlener schwarzer Pfeffer

4 Scheiben geröstetes Weißbrot, zum Servieren

SORBET

100 g Zucker

100 ml Wasser

2 EL Olivenöl

1 Zwiebel, fein gehackt

1 TL frisch abgeriebene Orangenschale

1 frischer Thymianzweig

1 kg Tomaten, entkernt und fein gehackt

6–8 frische Basilikumblätter

1 TL Salz

DRESSING

1 TL Sesamöl

1 TL frisch geriebene Ingwerwurzel

1 TL Honig

Saft von 1 Limette

KREBS-SALSA MIT TOMATENSORBET

Zunächst das Sorbet zubereiten. Hierzu Zucker und Wasser in einem kleinen Topf zum Kochen bringen und um die Hälfte einkochen lassen. Beiseitestellen und abkühlen lassen.

Das Öl in einem Topf erhitzen und Zwiebel, Orangenschale und Thymian darin dünsten, bis die Zwiebel weich ist. Die Hälfte der Tomaten und das gesamte Basilikum hinzufügen und 5–10 Minuten kochen, bis die Flüssigkeit verdampft und die Masse angedickt ist. Vom Herd nehmen und den Thymianzweig entfernen. Die Masse mit verbliebenen Tomaten, Salz und beiseitegestelltem Zuckersirup glatt mixen. Durch ein Sieb in eine Schüssel passieren. Die Masse 10 Minuten in einer Eiscrememaschine verarbeiten, dann 2–3 Stunden ins Gefrierfach stellen. Ohne Maschine der Anleitung auf Seite 160 folgen.

Für die Salsa das Avocadofleisch mit einem Löffel auslösen und in eine Schüssel geben. Krebsfleisch, Chili, Koriander, Frühlingszwiebeln und Sesam hinzufügen, mit Salz und Pfeffer würzen und vorsichtig vermengen. Für das Dressing alle Zutaten in einer Schüssel verquirlen.

Je 1 Scheibe geröstetes Weißbrot auf einen Teller legen, mit ein paar Löffeln Salsa belegen, mit dem Dressing beträufeln und mit Tomatensorbet krönen.

Vorsicht: Die Geschmackskombination von Orange und Schokolade kann süchtig machen! Für eine leicht feurige Note geben wir immer noch etwas Chilischokolade hinzu, doch Sie können auch jede andere hochwertige Schokolade verwenden.

FÜR 4 PERSONEN

150 g Mehl

1 TL Backpulver

200 g Zartbitterschokolade, in Stücken

250 g Butter, gewürfelt, plus etwas mehr zum Einfetten

300 g Zucker

4 große Eier, verquirlt

100 g Walnüsse, gehackt

150 g Chilischokolade, in kleinen Stücken

SORBET

200 g Zucker

200 ml Wasser

Saft von 6 großen Orangen (ca. 400 ml)

1 Sternanis

Zesten von 1 Orange

CHILISCHOKOLADEN-BROWNIES MIT ORANGENSORBET

Zunächst das Sorbet zubereiten. Hierzu Zucker und Wasser in einem mittelgroßen Topf zum Kochen bringen und bei reduzierter Hitze um die Hälfte einköcheln. Orangensaft und Sternanis hinzufügen, erneut aufkochen, dann vom Herd nehmen und abkühlen lassen. Den kalten Saft durch ein feines Sieb abseihen und mit den Orangenzesten in eine Eiscrememaschine geben. Gemäß Herstellerangaben zu Eis verarbeiten. Ohne Maschine der Anleitung auf Seite 160 folgen.

Den Backofen auf 180 °C vorheizen und eine Backform mit 45 x 25 x 5 cm Seitenlänge einfetten oder mit Backpapier auslegen.

Mehl und Backpulver in eine Schüssel sieben. Zartbitterschokolade und Butter in eine hitzebeständige Schüssel geben und im Wasserbad über leicht köchelndem Wasser schmelzen. Vom Herd nehmen und den Zucker einrühren. Die Eier einrühren und schließlich Mehlmischung, Walnüsse und Chilischokolade unterheben.

Den Teig in die vorbereitete Form füllen und 20 Minuten im Ofen backen. Aus dem Ofen nehmen, in der Form abkühlen lassen und in Stücke schneiden.

Jeden Brownie mit 1 großen Löffel Orangensorbet servieren.

REGISTER

BILDNACHWEIS

Herausgeber: Stephanie Jackson
Managing Editor: Clare Churly
Lektorat: Annie Lee
Artdirector: Jonathan Christie
Design: Jaz Bahra
Illustratoren: Abigail Read, Charlotte
Strawbridge, James Strawbridge
Fotos: Nick Pope
Stylistin: Alison Clarkson
Küchenassistent: Jim Tomson
Senior Production Controller: Lucy Carter